Kochen Unplugged

CHRISTOPH BRAND

featuring

MAX HERRE FEAT. GRACE / CURSE / DIE ORSONS / FLO MEGA / MARTERIA / HENNING WEHLAND / SAMY DELUXE
GLASPERLENSPIEL / MEGALOH / MOSES PELHAM / POHLMANN / STIEBER TWINS / LARY

VORWORT

OLE / ROTE GOURMET FRAKTION

Christoph bat mich, ein Vorwort für sein Buch zu schreiben, und dieser Bitte komme ich liebend gerne nach. Danke Christoph, ich fühle mich sehr geehrt!

Dieses Buch hat mit Musik beziehungsweise Musikern und Köchen zu tun. Und da haben wir ja schon eine prima Gemeinsamkeit, denn schließlich beschäftige ich mich seit bereits 20 Jahren mit hungrigen Musikern und ihrer Roadcrew, begleite die ganze Bande auf ihren Tourneen und catere, was das Zeug hält.

In all den Jahren, in denen ich mit Musikern und Köchen zu tun habe, ist eines ganz klar aufgefallen: Köche und Musiker – jedenfalls die, die ihren Job mit Herzblut betreiben – sind auf vielen Ebenen ein sehr ähnlicher Schlag von Menschen. Sowohl Musiker als auch Köche sind außerordentlich selbstkritisch mit ihrer Arbeit, manches Mal fast unzufrieden mit dem gerade abgelieferten Konzert oder ihrer Serviceschicht. Oft sind das aber genau die Shows oder Tage im Restaurant, an denen das Publikum oder die Gäste besonders begeistert waren. Ständiger Respekt vor dem Gast oder Konzertgänger ist allgegenwärtig. Wenn es vom Gast oder Fan ein Lob gibt, muss es für einen Koch etwa das gleiche berauschende Gefühl sein wie für einen Musiker. Dann weiß man, warum man genau diesen Job macht!

Wenn es nicht so wäre, würden Köche und Musiker ihre Kreativität und Motivation verlieren, die sie dringend brauchen, und sie würden nachlassen und schlechter werden. Somit ist es einfach folgerichtig, dass Christoph sein Kochbuch mit Musikern macht. Selbst nach einer Show oder einem harten Service können sowohl Köche als auch Musiker richtig abfeiern! An Tagen, an denen zwei Shows in einer Stadt stattfinden und somit am ersten Tag die Bühne nicht abgebaut werden muss, findet nach der Show sehr oft eine Party in der Catering-Küche statt, ganz wie bei Partys zu Hause. Jona Lewie hat das Ende der Siebziger mit seinem Song »You'll always find me in the kitchen at parties« gut erkannt und besungen. Das ist ein weiterer Punkt, der zeigt, wie eng die Küche und die Musik zusammengehören. Ich erinnere mich an so manche nette Aftershow-Feier bei Christoph in »Amy's Weinhaus«, wenn er mich zu einer Veranstaltung eingeladen hatte. »Amy's Weinhaus« ist beispiellos! Ein Pop-up-Restaurant vom Feinsten in einem Gewerbegebiet in Kassel, wo Christoph regelmäßig verschiedene Food-Spektakel veranstaltet, die ihresgleichen suchen.

Christoph gehört definitiv zu den Köche-Köpfen, die die Gastronomie in Deutschland etwas lockerer gemacht haben und dabei den Bezug zur Musik nicht vergessen. So machen wir weiter!

ROCK 'N' ROLL!

INHALT

ES IST GESCHAFFT

CHRISTOPH BRAND

Sechs Jahre zwischen den ersten losen Gedanken und dem letzten geschriebenen Rezept sind vergangen. Round about 300 Fotos aus über 10.000 Schüssen ausgewählt, 10.000 gefahrene Kilometer, 1.000 Mails und ungezählte Telefonate zwischen Terminen, Zu- und Absagen. 13 Kapitel, 13 Künstler oder Bands, 13-mal viel Liebe, viel Seele und 13-mal Kochen, Shooten und das finale Essen. 13-mal beeinflusst von jedem einzelnen der Künstler, durch ihre Musik, durch einzelne Songs, durch sie selbst oder auch einfach nur durch ihre Lieblingsgerichte.

Gerade in den letzten zwei Jahren habe ich mehrfach gezweifelt, ob das Buch jemals fertig wird, habe den Titel geändert, am Konzept gefeilt, alles verworfen, um zum guten Schluss die erste Idee wieder aufzugreifen und es dann doch zu Ende zu bringen, wie es geplant war. Jetzt, wo es fertig ist, durchrollt mich schon eine Mischung aus Stolz, Liebe und (Vor-)Freude. Ey, ich war mit den Stiebers in Martins WG in Heidelberg, im Supow Studio mit Curse – jenem Curse, von dem ich fast jeden Text geatmet habe –, mit Henning Wehland in der Backstube in Münster. Max Herre klaut sich extra ein paar Stunden auf der »Hallo Welt!«-Tour und kommt nach Heidelberg gedüst, Flo Mega fährt mit der Bahn direkt in meine Küche in Kassel, Die Orsons und Megaloh nehmen sich die Zeit in Berlin und krempeln die »Kochbox« einmal komplett um, mit Pohlmann sind wir kurz vor Veröffentlichung von seinem Album im FuH in Hamburg, Lary quetscht uns sehr vegetarisch zwischen einen Haufen Termine in Berlin, Glasperlenspiel fahren quer durch die Republik, um den Shoot in München durchzuziehen, Marteria sammelt seine ganze Bande vor einem Gig ein und nimmt sich die Zeit in Berlin, und zum guten Schluss chartern wir mit Moses Pelham die Klassikstadt 911 und »meateten« mit Samy Deluxe in der KunstWerkStadt.

Und warum das alles? Ey, wegen Kochen!

Ich hoffe, ihr könnt es genauso fühlen, schmecken und lieben wie ich.

INTRO

STEPHAN SZILLUS / IM AUGUST 2013

Christoph Brand ist ein Mensch, der einen sofort einnimmt mit seiner Leidenschaft für die Dinge, die ihn begeistern. Jeder, der schon einmal von ihm bekocht wurde oder in seinem Kasseler Restaurant »Amy's Weinhaus« zu Gast war, der wird bestätigen können: Wenn dieser Mann eines liebt, dann, seine Gäste zu verwöhnen, aber auch, sie herauszufordern mit interessanten neuen Geschmacksnuancen und ungewöhnlichen Kombinationen.

Im Englischen gibt es den Begriff des »Soulfood«, der für eine besonders nahrhafte Variante kreolisch-afroamerikanischer Küche steht. Für Christoph Brand hat Seelennahrung noch eine andere Bedeutung: Der Nordhesse ist ein talentierter, kreativer Koch mit großem Herzen und gesundem Ehrgeiz, doch seine Leidenschaft gilt ebenso der Musik – speziell dem Hip-Hop, der ihn schon seit seiner Jugend eng begleitet. Und so reist Brand heute in Kochjacke und Nike Airs durch die Republik, die Hose dabei stets auf halb acht, die Frisur »geordnet unordentlich«.

Das Kochhandwerk lernte Brand von der Pike auf in zwei kleinen Betrieben in seiner Heimatstadt Fritzlar. Anschließend war er nach eigener Aussage »vielleicht ein bisschen zu lange« bei der Hotelkette Maritim tätig, doch vier Küchenchefs und sechs Jahre später stieg er mit 29 Jahren zum Küchenchef auf und verharrte bis 2007 in dieser Position. Parallel dazu hatte Brand bereits 2005 sein Konzept der »Fliegenden Köche« entwickelt und parallel zum Job im Hotel mit Leben gefüllt; zahlreiche Messe- und Event-Jobs halfen ihm dabei. Zwei Jahre später setzte er alles auf eine Karte und machte sich mit seiner Idee eines mobilen Event- und Catering-Service selbstständig.

Seither ist Christoph Brand deutschlandweit im Namen der guten Kochkunst unterwegs. Als Caterer hat Brand hungrige Gruppen von zwei bis zu 2.000 Personen versorgt und wurde von renommierten Firmen engagiert. Er hat Bands wie Wir Sind Helden, MIA, Juli oder Silbermond bekocht, hat bei »Rock im Park« oder bei den »HipHop Open« für die nötige Seele im Catering gesorgt, rief das Konzept einer komischen Kochshow namens »Cook n Comedy« ins Leben, hat mit beinahe jedem renommierten Fernsehkoch von Stefan Marquard und Mike Süsser bis Andi Schweiger, Ole Plogstedt und Frank Oehler zusammengearbeitet – nicht wenige dieser prominenten Kollegen nennt er mittlerweile seine Freunde.

Vor allem jedoch hat Christoph Brand bei aller Geschäftigkeit sein Herz und seine Seele nie verloren. Köche sind nämlich genau wie Musiker in der Regel eher Bauchmenschen. Christoph liebt S.I.E., seine Jugendliebe namens Hip-Hop, immer noch, und so kochte er auf Tour oder bei Gigs schon für Künstler wie Jan Delay, Kool Savas, Stieber Twins, Samy Deluxe, Max Herre oder Casper. 2009 verarbeitete er mit Curse dessen Album »Freiheit« in einem musikalischen Kochbuch, seit 2010 betreibt er in Kassel ein Restaurant namens »Amy's Weinhaus« – frei nach dem gleichnamigen Hit von Marteria. Dieses Buch bringt einmal mehr seine beiden größten Leidenschaften zusammen: Es geht um kulinarische Seelennahrung, inspiriert von Musikern und ihren Leibspeisen. »Rap ist Soulmusik«, wussten immerhin auch schon Curse und Xavier Naidoo.

Für die 13 Kapitel in diesem Buch traf sich Christoph Brand jedes Mal mit einem Künstler und den Fotografen Rüdiger Glatz und Thilo Ross. Rüdiger Glatz, einer der weltweit führenden Dokumentatoren der Graffitiszene und selbst ehemaliger Writer, war es auch, mit dem Christoph Brand vor vielen Jahren diese Buchprojekt ins Leben rief. Die ebenfalls musik- und kochbegeisterten Fotografen waren durch ihre Anbindung an die HipHop-Kultur stets im Thema, was die Hintergründe und Geschichten der meisten Künstler angeht. Mit den Acts kochte Brand jeweils ein eigens auf sie zugeschnittenes Menü, wobei sowohl die Auswahl der Location als auch die der zubereiteten Speisen eng mit ihnen abgestimmt wurde. Zugleich erlaubte sich Brand die eine oder andere augenzwinkernde Referenz an das Werk der jeweiligen Künstler in den einzelnen Menügängen. Am Ende stand jeweils ein gemeinsames Essen mit dem engsten persönlichen und geschäftlichen Umfeld des Künstlers. So wuchs ein ganzheitliches Dokumentationsprojekt, das die Interessen und Vorlieben diverser interessanter Menschen unter seiner eigenen Schirmherrschaft zusammenbrachte: Kochkunst, Musik und Fotografie, alles aus dem Blickwinkel von Menschen, die einen nicht unwesentlichen Teil ihres Lebens innerhalb einer Subkultur verbracht haben.

Der Titel dieses Buches stellt in sich schon eine popkulturelle Referenz dar. Denken wir zurück an manch legendäre Folge der Serie »MTV Unplugged«, etwa die mit Nirvana oder Lauryn Hill, und an die unfassbare Wirkung der Künstler in diesem privaten, vertrauten Setting, ausschließlich mit akustischen Instrumenten und ihren unverstellten Stimmen, ohne Bearbeitung im Studio, ohne Verstärker. Das Konzept »Unplugged« bedeutet: keine geschmacksverstärkenden Zusatzstoffe, keine künstlichen Aromen, kein unnötiges Beiwerk. Nur frische, saisonale Produkte und ihre Wirkung in der Kombination. »Kochen Unplugged« eben.

VIEL SPASS UND GUTEN APPETIT!

MAX HERRE FEAT. GRACE
HALL(E)O(2) WELT!

HALLE02, HEIDELBERG

Musikalisch betrachtet, ist Christoph Brand – genau wie der Fotograf und der Autor dieses Buches übrigens – ein Kind der Neunzigerjahre. 1997 erschien das erste Freundeskreis-Album »Quadratur des Kreises« und lieferte den Soundtrack für einen ganzen Sommer. Auch der zwei Jahre später erschienene Nachfolger »Esperanto« ist eines von Christophs absoluten Lieblingsalben aller Zeiten. Kurzum: Christoph geht es wie uns allen. Max Herre ist für ihn eine Ikone, ein Superheld, ein erklärtes Genie. Als Rapper und Texter, als Sänger und Songwriter, als Produzent und Musiker. Und dahinter steckt auch noch ein äußerst spannender Mensch. Einer, der nicht so leicht durchschaubar ist, wie viele meinen. Einer, der etwas zu sagen hat, sich auflehnt und eigene Wege geht – aber mit Sicherheit nicht der selbstgerechte Gutmensch, zu dem ihn seine Kritiker gerne stilisieren möchten.

Schon während der Aufnahmen zu seinem Singer-/Songwriter-Album »Ein geschenkter Tag« von 2009 hatte Brand für Max und seine Gäste gekocht, genau wie bei einem Videodreh zu einer Single von derselben Platte. Der Kontakt war danach nie wirklich abgerissen, sondern blieb über Max' Management und das Team seines Nesola-Labels stets lose bestehen. Als die Anfragen für die »Kochen Unplugged«-Sessions herausgingen, schien es dennoch schwierig bis unmöglich, den Wahlberliner auf einen Termin festzupinnen. Konzerte, Tourneen, Aufnahmen, Reisen, Familie – Herre ist ein Mann, der eigentlich das Lebenspensum von mindestens drei Menschen gleichzeitig zu bewältigen scheint. Am Ende klappte es doch, in Heidelberg, bei einem Stopp auf Herres »Hallo Welt!«-Tour. Mit dem gleichnamigen Album war der 40-Jährige im Sommer 2012 auf Platz 1 der deutschen Albumcharts und kurz darauf Gold gegangen; die Rückkehr von der Gitarrenfront zurück in gewohnte und doch moderne Soul-Rap-Gefilde wurde von den meisten seiner Fans frenetisch gefeiert. Gleichzeitig erreichte er eine neue Generation von Hip-Hop-Fans über den Schulterschluss mit der Rap-Elite von heute: allen voran Marteria, Megaloh, Tua von den Orsons und der schwäbische Midas-Panda Cro.

Max Herre ist ein Lebemann, ein Mann von Welt und ein »Soul-Guerillero«, wie er sich selbst mal in einem Songtext bezeichnet hat. Aber auch ein Familienvater, der extremen Wert auf die Privatheit seines Privatlebens legt – keiner jedenfalls, der seine eigenen Angelegenheiten in der Öffentlichkeit diskutiert und ausbreitet. Im Zentrum seines Lebens und Schaffens stand immer die Musik: Auch seine Jetzt-wieder-Ehefrau Joy Denalane, mit der er zwei Kinder hat, lernte er quasi im Aufnahmestudio kennen, als Freundeskreis eine weibliche Soulstimme suchte. Nach der Auflösung von Freundeskreis produzierte er 2001 ihr Soloalbum »Mamani«, das zu den erfolgreichsten deutschen R&B-Platten aller Zeiten gehört. Beeinflussen lässt sich Herre von mindestens 50 Jahren internationaler Musikgeschichte: Von Motown-Soul bis Sixties-Folk, von Americana-Rock bis Roots-Reggae, von Nineties-Hip-Hop bis Blues und Ragtime reicht sein enormer Horizont. Und gerade diese Weitsicht macht Herre bis heute zu einer Ausnahmeerscheinung in der deutschen Musiklandschaft.

Erste
Spätzleliebe
ASMANISCHER
TEUFEL
ZU ELEKTRISCHE
ISI-TONKABOHNE

1
K
X
93

COUS-
COUS

ERSTE SPÄTZLE-LIEBE
MIT BERGKÄSE UND CHAMPIONAISE

[4 Personen]

ZUTATEN

–1–

FÜR DIE SPÄTZLE

6 Eier

350 g Spätzlemehl

50 ml Mineralwasser oder Hefeweizen

Muskat, frisch gerieben, gutes Salz

–2–

FÜR DIE CHAMPIONAISE

300 g Champignons, geputzt und geviertelt

4 Stangen Lauchzwiebel, geputzt und in feine Ringe geschnitten

2 Stangen Staudensellerie, fein geschnitten

2 Esslöffel Frischkäse

1 Teelöffel Honig

Gutes Salz, Pfeffer aus der Mühle

1 Stückchen Butter

Das Grün vom Staudensellerie zur Deko

–3–

AUSSERDEM

150 g guter Bergkäse

ZUBEREITUNG

–1–

FÜR DIE SPÄTZLE

Eier in einer großen Schüssel verquirlen, salzen und muskaten. Spätzlemehl und Mineralwasser oder Hefeweizen zugeben. Mindestens 5 Minuten kräftig mit einem Kochlöffel zu einem glatten Teig verschlagen, bis er Blasen wirft. Reichlich Salzwasser in einem breiten und hohen Topf aufkochen. Den Spätzleteig durch den Spätzlehobel direkt in das kochende Wasser hobeln. Sobald die Spätzle an der Oberfläche schwimmen, mit einer Schaumkelle herausheben und in einem Sieb abtropfen lassen.

–2/3–

FÜR DIE CHAMPIONAISE

Champignons in der heißen Butter mit dem Frühlauch und dem Staudensellerie anschwitzen, salzen und pfeffern, den Honig und den Frischkäse dazugeben, die Spätzle vorsichtig unterrühren. Alles in eine feuerfeste Form geben, den Käse darüber verteilen und für 15 Minuten bei 180 Grad im Ofen überbacken und mit dem Staudensellerie-Grün dekorieren.

TASMANISCHER TEUFEL
UND DER TRAUM AUF COUSCOUS MIT FETAKÄSE, URLAUBSAROMEN UND OLIVE

[4 Personen]

ZUTATEN

–1–

FÜR DEN TEUFEL

8 Seeteufel-Medaillons à 70 g, geputzt
1 Rosmarinzweig
2 Zweige Zitronenthymian
1 angedrückte Knoblauchzehe
Gutes Meersalz, tasmanischer Bergpfeffer
Olivenöl zum Braten, eventuell etwas Mehl

–2–

FÜR DEN COUSCOUS

200 g Couscous
150 g Zucchini, geputzt und fein gewürfelt
1 Chilischote ohne Kerne, fein geschnitten
1 walnussgrosses Stück Ingwer, geschält und fein gewürfelt
1 Esslöffel brauner Zucker
1 Stängel Zitronengras, angeschlagen
1 Zimtstange
1 Sternanis
400 ml Gemüsebrühe
Eventuell Sweet-Chili-Sauce, Koriandergrün, gutes Salz

–3–

FÜR DEN FETAKÄSE

100 g Fetakäse
2 Thymianzweige, fein gezupft
1 kleine Knoblauchzehe, geschält und fein geschnitten
1 Teelöffel Honig
3 Esslöffel Olivenöl

–4–

FÜR DEN OLIVENKROKANT

100 g schwarze Oliven ohne Stein
500 ml Wasser
4 Esslöffel Zucker
Backpapier

ZUBEREITUNG

–1–

FÜR DEN TEUFEL

Den Seeteufel salzen und eventuell ein ganz bisschen mehlieren, in der heißen Pfanne zusammen mit dem Rosmarin, dem Thymian und dem Knoblauch von jeder Seite 1–2 Minuten in Olivenöl braten. Kurz vor dem Servieren mit dem tasmanischen Bergpfeffer würzen.

–2–

FÜR DEN COUSCOUS

Die Zucchini zusammen mit der Chilischote, dem Ingwer, dem braunen Zucker, dem Zitronengras, dem Zimt, dem Sternanis und dem braunen Zucker in der Pfanne leicht karamellisieren und mit der Gemüsebrühe ablöschen, einmal aufkochen lassen, über den Couscous geben und 20 Minuten quellen lassen. Dann mit der Sweet-Chili-Sauce, frischem Koriandergrün und Salz abschmecken.

–3–

FÜR DEN FETAKÄSE

Olivenöl, Honig, Knoblauch und den Thymian gut miteinander verrühren und den Fetakäse damit einpinseln. Ich hatte beim Shooting leider keinen Ofen, deshalb hab ich den Feta im Topf mit etwas mehr Öl angebraten, einfacher ist es aber, den Käse in Alufolie zu packen und für 15 Minuten bei 160 Grad in den Ofen zu schieben.

–4–

FÜR DEN OLIVENKROKANT

Oliven mit dem Zucker und dem Wasser zusammen zum Kochen bringen und für 20 Minuten köcheln lassen; die Oliven auf ein Sieb schütten und sehr gut ausdampfen lassen. Wir packen sie dann auf ein Blech mit Backpapier und über Nacht bei 75 Grad in den Ofen, eventuell auch 2 Nächte. Kurz vor dem Servieren hackt man sie grob durch, wie man das von Krokant am Frankfurter Kranz gewohnt ist.

Den Teufel auf dem Couscous anrichten und mit dem gebröselten Fetakäse und dem Olivenkrokant dekorieren.

HOSPITALS
Kellerei

ZU ELEKTRISCHE ISI-TONKABOHNE
MIT FEIGE

[4 Personen]

ZUTATEN

–1–

FÜR DIE ELEKTRISCHE TONKABOHNE

100 ml Joghurt
150 ml Sahne
100 ml Orangensaft
Abrieb von ½ Tonkabohne
1 Esslöffel Puderzucker

–2–

FÜR DIE FEIGEN

4 große Feigen, geschält und geviertelt
4 cl Portwein
1 Zimtstange
200 ml Kirschsaft
100 g Heidelbeeren
1 Esslöffel weißer Zucker
Abrieb und Saft von 1 Orange
1 Teelöffel Speisestärke

–3–

AUSSERDEM

Knallbrause
1 Isi mit 2 Patronen

ZUBEREITUNG

–1–

FÜR DIE ELEKTRISCHE TONKABOHNE

Den Joghurt, die Sahne, den Orangensaft, die Tonkabohne und den Puderzucker sehr gut verrühren und in einen Isi geben. Sehr gut durchschütteln, den Isi mit einer Patrone laden und fertig ist die Isi-Tonkabohne.

–2/3–

FÜR DIE FEIGEN

Kirschsaft zusammen mit der Zimtstange, den Heidelbeeren, dem Abrieb und Saft von der Orange sowie dem Zucker 2 Minuten köcheln lassen, 4 cl Portwein mit der Speisestärke anrühren und dann den köchelnden Saft andicken und über die Feigen geben. Kalt werden lassen und dann zusammen mit der Isi-Tonkabohne im Wechsel im Glas anrichten.

Kurz vor dem Servieren mit Knallbrause bestreuen.

CURSE
WAHRE LIEBE

SUPOW STUDIO, KÖLN

Michael Sebastian Kurth, geboren 1978, gehört zu den besten Rappern dieser Nation – auch wenn er das Mikrofon vorgeblich bereits vor vier Jahren an den Nagel gehängt hat. Als jugendliches Wunderkind machte er in den Neunzigern die Clubs seiner Heimatstadt Minden und der näheren Umgebung unsicher; die dort anwesenden, in der Region stationierten G. I.s staunten nicht schlecht, wenn sie von einem dürren, hellhäutigen Burschen mit Streberbrille lässig an die Wand gereimt wurden – und das sogar in ihrer eigenen Muttersprache, wenn er wollte. Curse, wie Michael sich aufgrund der englischen Aussprache seines Nachnamens nannte, mauserte sich zu einer der ganz großen Hoffnungen der noch jungen hiesigen Hip-Hop-Szene und nahm in einer Schaffensperiode von einer Dekade insgesamt fünf herausragende Alben auf.

Von seinem juvenil-rohen Debüt »Feuerwasser« (2000) bis zu seinem bislang letzten Opus magnum »Freiheit« (2008), auf dem er sogar mit Marius Müller-Westernhagen und Xavier Naidoo kollaborierte, gelang Curse der Spagat zwischen Battle-Rap-Kultur und empfindsamen, emotionalen Texten, zwischen harten Beats im New-York-Style der Neunziger und der tiefen Musikalität des Neo-Soul aus Philadelphia. Für Christoph Brand war Curse aus mehreren Gründen ein ganz spezieller Wunschkandidat für die »Kochen Unplugged«-Sessions: Zum einen hatten die beiden zuvor bereits ein komplettes Hip-Hop-Kochbuch miteinander erarbeitet, in dem Christoph zu jedem Song aus dem »Freiheit«-Album ein eigens abgestimmtes Gericht kreiert hatte. Gleichzeitig gibt es keinen Künstler, mit dessen Musik er so viele konkrete Lebensereignisse und -erfahrungen sowie Emotionen in Verbindung bringt: Spätestens seit dem Kultsong »Wahre Liebe« aus dem Jahr 1999 stellt der Sound von Curse einen ständigen Wegbegleiter des begeisterten Rap-Fans Brand dar.

Das Shooting fand im Supow Studio statt, das Curse Mitte der Nullerjahre gemeinsam mit dem Reggae-Sänger Patrice in Köln aufgebaut hatte. Das Studio ist mittlerweile geschlossen und Patrice nach Paris gezogen, doch der Plan, das Supow Studio in einer neuen Umgebung wiederzueröffnen, steht felsenfest. Genau wie Curses heimliches Vorhaben, trotz des 2009 verkündeten Rücktritts doch noch einmal auf die große Bühne zurückzukehren: Immerhin performte er im Rahmen des »Splash!«-Festivals 2013 wieder vor einer Handvoll eingefleischter Fans, die seine großen Hits von Alben wie »Feuerwasser« oder »Innere Sicherheit« immer noch textsicher beherrschten. Wenn Brand übrigens in der Dessertkreation die Vorliebe des Mindeners für grünen Tee aufgreift, so geschieht dies mit einem offensichtlichen Augenzwinkern: Immerhin wurde Curse für seine Leidenschaft zu japanischer Teezeremonie- und Schwertschmiedekultur manchmal belächelt. Doch Michael Sebastian Kurth ist vor allem ein neugieriger Mensch, ein rastlos nach Spiritualität und Heilung Suchender, der seine Rap-Karriere auch deshalb beendete, weil er sich von den Regeln und Dogmen dieser Subkultur lösen wollte, ja: musste. Regeln, die er selbst einmal in seinem »Feuerwasser«-Opener »10 Rap Gesetze« formuliert hatte. Und die Christoph Brand in der ihm eigenen Nonchalance in »10 Koch Gesetze« umtaufte.

KNUSPRIGER BROTSALAT

CORNFLAKES-TOFU

MOUSSE VOM GRÜNEN TEE

Rote
Fraktion

Christoph Brand
FEAT.
curse

Reines
Balsamico

Kellogg's
CORN
LAKES
Frischer
Joghurt
mild

und rohem
- Camembert,
süß, mit

KNUSPRIGER BROTSALAT ASIATISCH
MIT CURRYCAPPUCCINO

[4 Personen]

DENK AN MICH, WENN DU SCHWEINEFLEISCH HASST UND EIN FAN VON SOULFOOD BIST

ZUTATEN

–1–

FÜR DEN BROTSALAT ASIATISCH

1 halbe Stange Baguette, in grobe Würfel geschnitten
50 g Zuckerschoten, in Streifen geschnitten
1 rote Paprikaschote, in feine Würfel geschnitten
50 g Mungbohnensprossen
50 g Shiitakepilze oder Champignons, in Scheiben geschnitten
1 kleine Knoblauchzehe, geschält und fein gehackt
Abrieb von 1 Limette
1 Chilischote, superfein geschnitten
1 Esslöffel voll Korianderblätter, gezupft
1 Esslöffel Basilikum, fein geschnitten
6 Esslöffel Olivenöl
4 Esslöffel helle Sojasauce
½ Esslöffel Honig

–2–

FÜR DEN CURRYCAPPUCCINO

1 Banane, geschält und in kleine Würfel geschnitten
1 kleine Zwiebel, geschält und in kleine Würfel geschnitten
1 kleiner Apfel, geschält, entkernt und in kleine Würfel geschnitten
1 Teelöffel Currypulver,
je nach Sorte und Geschmack auch ein bisschen mehr
1 Teelöffel Currypaste, am besten die rote
1 Chilischote ohne Kerne, fein geschnitten
600 ml Geflügel- oder Gemüsebrühe
100 ml Apfelsaft
Saft und Abrieb von 2 Limetten
2 Limettenblätter
200 ml Kokosmilch
Etwas Erdnussöl zum Anschwitzen
Eventuell Sweet-Chili-Sauce und
Salz und Pfeffer aus der Mühle zum Abschmecken

ZUBEREITUNG

–1–

FÜR DEN BROTSALAT ASIATISCH

Shiitakepilze, Knoblauch und Chili in der heißen Pfanne in reichlich Olivenöl kurz anbraten und dann die Baguettewürfel in dem Olivenöl goldbraun backen. Baguettewürfel herausnehmen und beiseitestellen. In die noch heiße Pfanne die Zuckerschoten, die Mungbohnensprossen und den Paprika geben; nur ganz kurz anschwitzen und die Pfanne vom Herd nehmen, den Limettenabrieb sowie die Basilikum- und Korianderblätter dazugeben und alles zusammen mit dem Honig und der Sojasauce abschmecken. Eventuell kann man noch schwarzen Pfeffer aus der Mühle dazugeben. Kurz vor dem Servieren die knusprigen Baguettewürfel unterheben und zur Suppe reichen.

–2–

FÜR DEN CURRYCAPPUCINO

Zwiebeln, Bananen und Apfelwürfel in heißem Olivenöl mit einem Esslöffel braunem Zucker so ansetzen, dass alles zusammen schön karamellisiert. Die Chilischote, die Limettenblätter und den Ingwer dazugeben und mit dem Currypulver bestreuen, kurz durchrühren, mit dem Apfelsaft und der Brühe ablöschen. Den Limettenabrieb und Saft dazugeben, 15 Minuten köcheln lassen und pürieren. Die Currypaste hinzufügen – aber Vorsicht, kann sehr scharf werden – und die Kokosnussmilch dazugeben. Wenn es wirklich nötig sein sollte, eventuell mit etwas Speisestärke andicken, und vielleicht mit Salz und Pfeffer aus der Mühle sowie Sweet-Chili-Sauce abschmecken!

Die Suppe in Cappuccinotassen oder kleine Gläser füllen, von 50 ml warmer Kokosmilch Schaum schlagen und auf die Suppe geben.

CORNFLAKES-TOFU, KIMTSCHI WIE ZU HAUSE, INGWERMÖHREN UND ÜLTJE-KROKANT

[4 Personen]

ZUTATEN

–1–

FÜR DEN CORNFLAKES-TOFU

100 g Tofu

6 Esslöffel helle Sojasauce

1 walnussgrosses Stück Ingwer, geschält und sehr fein geschnitten, alternativ geht auch eingelegter Sushi-Ingwer

1 Chilischote ohne Kerne, sehr fein geschnitten

1 Esslöffel Honig

1 Teelöffel Erdnussbutter

2 Esslöffel Cornflakes

8 Holzspieße

–2–

FÜR DEN KIMTSCHI

1 kleiner Chinakohl

80 g Salz

1 Esslöffel Schnittlauch, fein geschnitten

1 Esslöffel Blattpetersilie, fein geschnitten

1 Esslöffel Koriander, fein geschnitten

1 Esslöffel süßer Senf

6 Esslöffel Rapsöl

2 Esslöffel Schältomaten, fein gewürfelt

1 kleine rote Zwiebel, fein gewürfelt

1 Esslöffel Honig

1 Chilischote mit Kernen, sehr fein geschnitten

Schwarzer Pfeffer aus der Mühle

1 Vakuumbeutel

–3–

FÜR DIE INGWERMÖHREN

300 g Möhren, geschält und längs geviertelt

1 kleine weiße Zwiebel, fein gewürfelt

2 walnussgrosse Stücke Ingwer, geschält und sehr fein geschnitten

Saft und Abrieb von 1 Orange

4 Esslöffel Rapsöl oder **1 Esslöffel** Butter

Meersalz und brauner Zucker

–4–

FÜR DEN ÜLTJE-KROKANT

150 g brauner Zucker

100 g Ültje-Erdnüsse, gesalzen

Backpapier

ZUBEREITUNG

–1–

FÜR DEN CORNFLAKES-TOFU

Tofu in 8 Würfel schneiden und auf die Holzspieße stecken. Für die Marinade den Ingwer mit der Chilischote, der Sojasauce, dem Honig, dem Olivenöl und der Erdnussbutter gut miteinander verrühren, kurz vor dem Servieren den Tofu an den Spießen kurz anbraten und anschließend erst in die Marinade tauchen und dann in die Cornflakes.

–2–

FÜR DEN KIMTSCHI

Den Chinakohl bis zum Strunk vierteln, sodass er nicht auseinanderfällt; mit dem Salz einreiben und darauf achten, dass das Salz gut in das Innerste vordringt. Den gesalzenen Chinakohl jetzt für 2 Stunden stehen lassen, dann mit kaltem Wasser gut abwaschen und trockentupfen (am besten mit Küchenkrepp). Aus den restlichen Zutaten eine Marinade herstellen und zusammen mit dem Chinakohl in einen Vakuumbeutel geben, gut verschließen und für weitere 2 Stunden in den Kühlschrank geben.

–3–

FÜR DIE INGWERMÖHREN

Die Möhren leicht salzen, zuckern und für 20 Minuten ziehen lassen, dann auf ein Sieb geben und den Saft auffangen. Den Ingwer und die Zwiebelwürfel im Rapsöl kurz anschwitzen, die Möhren dazugeben, kurz mitschwitzen lassen und mit dem aufgefangenen Möhrensaft und dem Orangensaft ablöschen. 2 bis 3 Minuten köcheln lassen, den Orangenabrieb dazugeben und eventuell mit Salz noch mal nachschmecken.

–3–

FÜR DEN ÜLTJE-KROKANT

Wieder mal braunen Zucker karamellisieren, die Nüsse dazugeben und beides zusammen auf Backpapier ausbreiten (Vorsicht, schweineheiß). Gut abkühlen lassen und mit einem Hammer oder im Mörser zerkleinern.

Kimtschi aus dem Vakuumbeutel nehmen, abtropfen lassen und in Streifen schneiden, zusammen mit den lauwarmen Ingwermöhren, dem Cornflakes-Tofu und dem Ültje-Krokant anrichten.

MOUSSE VOM GRÜNEN TEE
MIT MANGO-CHILI UND KOMBUCHA

[4 Personen]

DIE QUALITÄT IST ABHÄNGIG VON WIE MAN'S PFLEGT, ICH KÜMMER' MICH UM DEN GARTEN UND WARTE BEI GRÜNEM TEE

ZUTATEN

–1–

FÜR DIE MOUSSE

50 ml grüner Tee
100 ml Kombucha
300 ml Naturjoghurt
Abrieb von 1 Limette
Saft von 2 Limetten
Brauner Zucker nach Geschmack
4 Blatt Gelatine
250 g geschlagene Sahne

–2–

FÜR DIE CHILI-MANGO

1 reife Mango
2 Esslöffel brauner Zucker
Mark von ½ Vanilleschote
100 ml Mango- oder Ananassaft
Saft und Abrieb von 1 Limette
Saft und Abrieb von 1 Orange
2 Esslöffel Bitterorangenmarmelade
1 Chilischote ohne Kerne, fein geschnitten
Eventuell Speisestärke zum Andicken
Chilifäden und frische Minze zur Deko

ZUBEREITUNG

–1–

FÜR DIE MOUSSE

Als Erstes die Blattgelatine in eiskaltem Wasser einweichen, den Tee mit dem Kombucha, dem Limettenabrieb, dem Saft und dem Zucker verrühren, bis sich der Zucker gelöst hat. Die Gelatine gut ausdrücken und in der noch warmen Flüssigkeit auflösen. Den Joghurt zügig unterrühren und für 15 Minuten im Kühlschrank ruhen lassen. Aus dem Kühlschrank nehmen und die geschlagene Sahne unterheben. In Förmchen, Dosen oder Schälchen füllen und für 2 Stunden richtig durchkühlen lassen.

–2–

FÜR DIE CHILI-MANGO

Die Mango dünn schälen, vom Kern runterschneiden und in Spalten schneiden. Den braunen Zucker vorsichtig karamellisieren, mit dem Mango- und dem Orangensaft ablöschen, das Vanillemark und die Chilischote dazugeben. Köcheln lassen, bis sich der Zucker komplett gelöst hat. Im Zweifelsfall noch einen Schuss O-Saft dazugeben, wenn nicht mehr genug Flüssigkeit bleibt. Dann die Orangenmarmelade einrühren und, wenn es nicht sowieso schon leicht dicklich geworden ist, eventuell mit Speisestärke andicken. (Speisestärke muss man vor dem Benutzen mit etwas kaltem O-Saft oder Wasser anrühren.) Die angedickte Flüssigkeit über die geschnittene Mango geben und abkühlen lassen, den Limettenabrieb unterrühren.

Die Mousse mit den Mangospalten anrichten und mit den Chilifäden und der Minze dekorieren.

DIE ORSONS
VODKA APFEL ZETT

KOCHBOX, BERLIN

»Das Chaos und die Ordnung« heißt das dritte Album der Stuttgarter Rap-Boygroup Die Orsons. Genau nach diesem Motto gestaltete sich auch das Shooting in der Berliner »Kochbox«: ein bisschen Ordnung, ganz viel Chaos. Eine große Ausnahme von seinem Konzept machte Christoph Brand für das Quartett: Damit es keinen Streit gibt, gab es statt der üblichen drei diesmal vier Gänge, also für jeden Orson ein eigenes Gericht, als da wären: Maeckes, Tua, Kaas und Plan B. Ein Konglomerat aus so genialen wie durchgeknallten Künstlertypen, alle mit einem eindeutigen Hintergrund im Hip-Hop, aber neugierig und begeistert in alle möglichen musikalischen Richtungen: Ihre Akustikgitarrenkonzerte, Dubstep-EPs und Schlager-Persiflagen legen beeindruckendes Zeugnis von diesem Experimentierdrang ab.

Die Anfänge der Band reichen zurück in den schwäbischen Hip-Hop-Untergrund der frühen Nullerjahre. Am Ende fanden sich das Rap-Duo Maeckes & Plan B sowie die Solokünstler Tua und Kaas (die vorher jeweils in anderen Formationen miteinander und ohne einander gespielt hatten) unter einem Banner zusammen. Die Mission: Eine Schaukel sollte gebaut werden. Ganz metaphorisch gesehen, natürlich. Und das in einer Zeit, in der deutschsprachiger Rap komplett von finster dreinblickenden, stiernackigen Gangsta-Rappern regiert wurde. Die Orsons gehörten zusammen mit Marteria oder Casper zu den Künstlern, die eine neue Hip-Hop-Generation jenseits von Straßenattitüden und Räuberpistolen verkörperten. Ab 2007 gemeinsam unter dem Orsons-Banner aktiv, haben sie bis heute drei Alben als Band veröffentlicht, dazwischen kamen diverse Solo- und Splittergruppen-Projekte heraus, denn eines haben alle vier Mitglieder bei allen stetigen internen Differenzen gemeinsam: Sie sind produktiv, kreativ und schaffensdurstig. Geschäftlich angedockt sind sie bei Chimperator, jenem in Stuttgart und Berlin ansässigen Hip-Hop-Kollektiv, das zuletzt den Erfolg des Midas-Pandas Cro orchestrierte, aber seit über zehn Jahren mit Künstlern wie den Orsons im subkulturellen Untergrund herumwerkelt. Erst 2012 wagten sie den Schritt zu einer Major-Plattenfirma und nahmen am »Bundesvision Songcontest« teil – gleichzeitig bewahrten sie sich die Freiheit für zehnminütige Trap-Abfahrten und melancholische 2Step-Garage-Balladen.

Beim Kochen tat sich der ansonsten eher zurückhaltende Plan B als begeisterter Schüler hervor. Insgesamt beeindruckte Christoph Brand aber generell, dass sich die vier als kompliziert geltenden Rapper und Songschreiber extrem freundlich und am Boden geblieben präsentierten – vor allem beim abschließenden großen Essen. Währenddessen gewann übrigens Borussia Dortmund in der Champions League mit 4 : 1 gegen Real Madrid. Dieser Umstand wollte zum Ende des Abends dann auch mit reichlich »Vodka Apfel Z« begossen werden.

* ZIEGENKÄSE

IN FLAMMEN

GLASNUDELCURRY *

LIEBLINGSLAMM

* VODKA-APFEL-Z

MEETS WACKELPETER

1980

NATIV
EXTRA

NIKE
1980
TOKYO, JAPAN

ASTRA

NIKE
1980

ZIEGENKÄSE IN FLAMMEN

AUF BIRNEN-CROSTINI MIT WALNUSS, HONIG UND WIESENKRÄUTERN

[4 Personen]

ZUTATEN

–1–

FÜR DEN ZIEGENKÄSE IN FLAMMEN

4 Stück Ziegenfrischkäse-Taler

1 Esslöffel brauner Zucker

1 Bunsenbrenner zum Abflämmen

–2–

FÜR DIE BIRNEN-CROSTINI

4 große Scheiben Baguette, 1 cm dick

2 Birnen, geschält entkernt und in kleine Würfel geschnitten

Saft und Abrieb von 1 Zitrone

1 Stange Zimt

1 Sternanis

1–2 Teelöffel Honig

4 Esslöffel Walnussöl

4 Esslöffel Birnenessig

8 Stück Walnüsse, geschält und gehackt

–3–

AUSSERDEM

Wilde Wiesenkräuter und Schnittlauch zur Deko

Olivenöl

ZUBEREITUNG

–1–

FÜR DEN ZIEGENKÄSE IN FLAMMEN

Den Ziegenkäse früh genug aus dem Kühlschrank nehmen, damit er nicht zu kalt ist, mit dem braunen Zucker bestreuen und kurz vor dem Servieren mit dem Bunsenbrenner abflämmen, bis der Zucker goldbraun ist.

–2–

FÜR DIE BIRNEN-CROSTINI

Die Baguettescheiben bei 180 Grad im Ofen goldbraun backen. Die Birnen zusammen mit dem Zimt, dem Sternanis und dem Honig im Topf leicht karamellisieren. Vom Herd nehmen, Essig, Walnussöl sowie Zitronensaft und -abrieb dazugeben. Die Walnusskerne anrösten und ebenfalls zu den Birnen geben.

–3–

AUSSERDEM

Birnen auf den Crostinis anrichten, den Ziegenkäse aufsetzen und mit den Wiesenkräutern und Schnittlauch dekorieren, kurz vor dem Servieren noch mit Olivenöl beträufeln.

»GLASNUDEL-CURRY«
VEGETARISCH

[4 Personen]

ZUTATEN

–1–

FÜR DAS GLASNUDEL-CURRY

200 g Glasnudeln

1 walnussgrosses Stück Ingwer, geschält und in feine Würfel geschnitten

1 Chilischote mit Kernen, in feine Würfel geschnitten

1 rote Zwiebel, in feine Würfel geschnitten

1 rote Paprika, in feine Würfel geschnitten

1 Esslöffel Curry Delhi, grob

1 Esslöffel brauner Zucker

Erdnussöl

Abrieb von 1 Limette

100 ml kräftige Gemüsebrühe

Sweet-Chili-Sauce, helle Sojasauce, Koriandergrün, frisch, zum Abschmecken

ZUBEREITUNG

–1–

FÜR DAS GLASNUDEL-CURRY

Glasnudeln in eiskaltem Wasser 5–10 Minuten einweichen und dann auf ein Sieb geben. Chilischote und Ingwer zusammen mit dem braunen Zucker karamellisieren, einen Schuss Erdnussöl dazugeben und die Zwiebel und die Paprikawürfel mit dem Curry Delhi kurz darin anschwitzen, um alles dann mit der Brühe abzulöschen. Ganz kurz köcheln lassen und dann die Glasnudeln in den heißen Fond geben. Durchrühren, vom Herd nehmen und mit der Sojasauce, der Sweet-Chili-Sauce und dem Koriandergrün abschmecken.

Am besten mit Sprossen dekorieren und servieren.

CAVIAR

LIEBLINGSLAMM ROSA, BLAUKRAUT, GRÜNE KNÖPFLE IN BLECH

[4 Personen]

ZUTATEN

–1–

FÜR DAS LAMM

600 g Lammrücken ohne Sehnen und Knochen
1 Zweig Rosmarin, fein gezupft und geschnitten
Gutes Salz, schwarzer Pfeffer aus der Mühle, **1 Prise** weißer Zucker
Butterschmalz zum Braten

–2–

FÜR DIE BLITZ-LAMMSAUCE

2 rote Zwiebeln, in Streifen geschnitten
1 Knoblauchzehe, geschält und sehr fein gewürfelt
1 Glas des guten Lafers-Lammfonds
400 ml Rotwein
6 Esslöffel Balsamicoessig
4 Thymianzweige
1 Esslöffel brauner Zucker
4 Esslöffel gutes Olivenöl
Eventuell Salz und Pfeffer
1 Butterflocke, eiskalt

–3–

FÜR DAS BLAUKRAUT

250 g Blaukraut, fein geschnitten
1 Esslöffel Preiselbeeren
1 Esslöffel brauner Zucker
1 Schalotte, geschält und fein geschnitten
100 ml Rotwein
1 Lorbeerblatt
Schwarzer Pfeffer aus der Mühle, Meersalz und alter Balsamico zum Abschmecken
Etwas Olivenöl
4 Frühlingsrollenblätter aus dem Asia-Laden
2 Esslöffel Semmelbrösel

–4–

FÜR DIE GRÜNEN KNÖPFLE

6 Eier
350 g Spätzlemehl
50 ml Mineralwasser oder Hefeweizen
1 kleiner Bund Blattpetersilie ohne Stängel
Muskat, frisch gerieben, gutes Salz
2 Esslöffel Frischkäse
2 Esslöffel geriebener Parmesan

ZUBEREITUNG

–1–

FÜR DAS LAMM

Das Lamm salzen und ganz leicht zuckern und zusammen mit dem Rosmarin in Butterschmalz anbraten. Bei 120 Grad noch für 10–15 Minuten in den Ofen schieben und kurz vor dem Servieren pfeffern und eventuell mit etwas gutem Olivenöl beträufeln.

–2–

FÜR DIE BLITZ-LAMMSAUCE

Die roten Zwiebeln und den Knoblauch zusammen mit dem Zucker karamellisieren und mit dem Rotwein ablöschen. Mit dem Fond auffüllen, den Thymian vom Stängel zupfen und dazugeben, alles zusammen bis auf die Hälfte runterkochen lassen. Den Balsamico dazugeben, mit Salz und Pfeffer abschmecken und eventuell mit etwas Speisestärke oder einer Flocke eiskalter Butter leicht binden. Kurz vor dem Servieren 4 Esslöffel gutes Olivenöl unterrühren.

–3–

FÜR DAS BLAUKRAUT

Blaukraut und Schalotten mit dem braunen Zucker im Olivenöl anschwitzen, mit dem Rotwein ablöschen, die Preiselbeeren und das Lorbeerblatt dazugeben. Alles zusammen schön einkochen lassen, sodass der Rotkohl noch leichten Biss hat, und mit schwarzem Pfeffer aus der Mühle, Meersalz und altem Balsamico abschmecken. Eventuell mit etwas Speisestärke andicken, da sonst die Frühlingsrollen sehr schnell durchweichen. Die Frühlingsrollenblätter auslegen, die Ränder leicht anfeuchten, leicht mit Semmelbrösel bestreuen, mit dem Rotkohl füllen und aufrollen. Bei 200 Grad für 10 bis 15 Minuten in der Röhre knusprig backen und vor dem Servieren schräg aufschneiden.

–4–

FÜR DIE GRÜNEN KNÖPFLE

Petersilie in dem Mineralwasser oder Hefeweizen ganz fein mixen. Eier in einer großen Schüssel verquirlen, salzen und mit Muskat würzen. Spätzlemehl und Petersilien-Mineralwasser oder Hefeweizen zugeben. Mindestens 5 Minuten kräftig mit einem Kochlöffel zu einem glatten grünen Teig verschlagen, bis er Blasen wirft. Reichlich Salzwasser in einem breiten und hohen Topf aufkochen. Den Spätzleteig durch den Spätzlehobel in Punkten/Knöpfle direkt in das kochende Wasser hobeln. Sobald die Knöpfle an der Oberfläche schwimmen, mit einer Schaumkelle herausheben und in einem Sieb abtropfen lassen. Die Knöpfle mit dem Frischkäse und dem Parmesan mischen, eventuell noch mal mit Salz und Muskat nachschmecken. In Dosen füllen und 10 Minuten bei 200 Grad backen.

VODKA-APFEL Z MEETS WACKELPETER

[4 Personen]

ZUTATEN

–1–

FÜR DEN GRÜNEN VODKA-WACKELPETER

1 Päckchen Götterspeise
Zucker und Wasser nach Rezept
Vodka

–2–

FÜR DEN APFEL-Z-SALAT

2 rote Zwiebeln, in Streifen geschnitten
1 Knoblauchzehe, geschält und sehr fein gewürfelt
1 Glas des guten Lafers-Lammfond
400 ml Rotwein
6 Esslöffel Balsamicoessig
4 Thymianzweige
1 Esslöffel brauner Zucker
4 Esslöffel gutes Olivenöl
Eventuell Salz und Pfeffer
1 Butterflocke, eiskalt

–3–

FÜR DEN ZITRONENJOGHURT

Abrieb und Saft von 1 Zitrone
150 ml griechischer Joghurt
4 Blätter Zitronenmelisse, in feine Streifen geschnitten
Eventuell Honig zum Süßen

ZUBEREITUNG

–1–

FÜR DEN GRÜNEN VODKA-WACKELPETER

Götterspeise nach Rezept zubereiten, dabei lediglich ⅓ Wasser gegen Vodka austauschen und dann auf 4 Gläser verteilen.

–2–

FÜR DEN APFEL-Z-SALAT

Apfelsaft mit der Vanille, der Tonkabohne und dem Zitronensaft, eventuell mit etwas Honig, einmal aufkochen lassen und dann kühl stellen. Die Apfelstreifen erst dann in den Fond geben, wenn er so gut wie kalt ist; den Zitronenabrieb dazugeben.

–3–

FÜR DEN ZITRONENJOGHURT

Alle Zutaten gut miteinander verrühren und eventuell mit Honig süßen.

Apfel-Z-Salat und Joghurt auf dem Wackelpeter anrichten und am besten eiskalt servieren.

FLO MEGA AIGHT

AMY'S WEINHAUS, KASSEL

Wer Flo Mega schon einmal live gesehen hat, konnte sich dem Charme des Bremer Barden kaum entziehen. Zusammen mit seiner Hausband The Ruffcats spielt er lupenreinen Soulfunk, inspiriert von der Musik der späten Sechziger und frühen Siebziger. Zu Beginn seiner Laufbahn rappt er in Bremer Jugendzentren an der Seite von lokalen Hip-Hop-Legenden wie Ferris MC und Flowin IMMO, kann im Umfeld der Rap-Gruppe Zentrifugal bald auch einige Achtungserfolge in der Szene vorweisen. Doch Flo Mega möchte eigentlich lieber handgemachten, akustischen Sound schaffen und sich von den engen Vorgaben des überlieferten Hip-Hop-Regelwerks lösen. Als er 2007 schließlich auf The Ruffcats trifft, legt er in seinem ganz persönlichen musikalischen Heimathafen an. Gemeinsame Vinylsingles erscheinen, Flo Mega positioniert sich dadurch geschickt im lebhaften neuen Beatdigger- und Deep-Funk-Universum rund um das Kölner Label MPM. Schließlich unterschreibt er jedoch einen Plattenvertrag bei Homeground Records, einem Unterlabel des deutschen Hip-Hop-Powerhouses Four Music. Mit der EP »Filmriss« deutete er seinen künftigen musikalischen Weg an: schonungslos persönliche Texte von einem bipolaren Poeten auf verschwitztem Retro-Funk-Groove. Der männliche Amy Winehouse? Der einzig legitime Erbe des großen Rio Reiser? Man kann schon so einige Superlative bemühen, wenn man Flo Mega genau zuhört.

Christoph Brand lernte Flo Mega über mehrere Ecken und Zufälle kennen; dabei spielen u. a. sein rappender Kumpel Curse und die zauberhafte Sängerin Mariama eine Rolle. Da Flo Mega jedoch für sein Leben gern kocht, war es überhaupt kein Problem, ihn zu einer gemeinsamen Session zu überreden, sobald der erste Kontakt einmal hergestellt war. Gleichzeitig ist der Bremer der einzige Künstler, der mit seiner Bananen-Nachspeise ein komplett eigenes Rezept eingebracht hat. Und, zu allem Überfluss, noch eine Premiere: Das Shooting war das einzige für dieses Buch, das in Christophs eigenen heiligen Hallen »Amy's Weinhaus« in Kassel stattfand – obwohl der Inhaber an diesem Tag locker 39 Grad Fieber hatte. Trotzdem wurde der Abend lang, ohne dass er sich zu irgendeinem Zeitpunkt für einen der Beteiligten so anfühlte; vielmehr hatte Christoph zum Ende der Nacht das Gefühl, diesen sympathischen Herrn schon deutlich länger als fünf Stunden zu kennen. Was übrigens auch den Fans ähnlich geht, für die sein 2011er-Debüt »Die wirklich wahren Dinge« bereits zu den modernen Genreklassikern gehört und die seitdem gespannt auf den Nachfolger »Mann über Bord« warten.

Eines Morgens stand der Autor dieser Zeilen in der Innenstadt von Bochum. Es war Sonntag, die Straßen leer, an der roten Fußgängerampel stand plötzlich ein Mann im abgewetzten Siebziger-Cordanzug mit Schiebermütze und keinerlei Gepäck außer seinem Gitarrenkoffer in der Hand: Flo Mega. Vermutlich hatte er am Vorabend in irgendeinem Club gespielt und war gerade erst aus einer Bar gefallen. Nun befand er sich ganz offensichtlich auf dem Weg zum Bahnhof. Das Bild passte perfekt zu seiner Musik: der verkaterte Künstler am Morgen danach, unterwegs, alleine. Wir nickten uns wortlos zu und jeder ging seiner Wege.

LAMMEINTOPF IRISCH

SCHOLLE

FINKEN

MEGA

Der wirklich wahre

Milchreis

HIPPOPOPEN

LAMMEINTOPF IRISCH
MIT VIEL KAPPES UND SCHMAND

[4 Personen]

ZUTATEN

–1–
FÜR DEN LAMMEINTOPF IRISCH

1 kleine Lammkeule am Knochen, **ca. 1 kg**, von Sehnen und Fett so gut es geht befreit

1 Gemüsezwiebel, geschält und in mittelgroße Ecken geschnitten

3 Karotten, geschält und in mittelgroße Würfel geschnitten

¼ Sellerieknolle, geschält und in mittelgroße Würfel geschnitten

2 Handvoll grüne Bohnen, geputzt

½ halber Weißkohlkopf, in mittelgroße Würfel geschnitten

1 kleine Dose Schältomaten, gewürfelt

Je 2 Zweige Thymian und Rosmarin

1 Knoblauchzehe, geschält und in kleine Würfel geschnitten

1 Teelöffel Fenchelsaat

Gutes Salz, schwarzer Pfeffer aus der Mühle und Olivenöl zum Abschmecken

–2–
AUSSERDEM

200 g Schmand und **1 Handvoll** Blattpetersilie, fein geschnitten zum Finishen

ZUBEREITUNG

–1/2–
FÜR DEN LAMMEINTOPF IRISCH

Lammkeule kräftig salzen und ganz leicht zuckern und in einem großen Topf zusammen mit dem Rosmarin, Thymian, Knoblauch und Fenchel kräftig anbraten. Vom Herd nehmen und jetzt die Gemüse auf der Keule von unten nach oben schichten: erst die Schältomaten, dann die Karotten und den Sellerie, dann den Kohl und zum Schluss die Bohnen. Jetzt so viel Wasser dazugeben, dass die Gemüse gerade so bedeckt sind. Das Ganze für 120 Minuten wieder auf den Herd und leicht köcheln lassen oder bei 150 Grad in die Röhre schieben. Dann die Lammkeule aus dem Topf nehmen, vom Knochen runter in mundgerechte Würfel schneiden und wieder in den Topf geben. Eventuell mit gutem Salz und Pfeffer kräftig abschmecken.

Kurz vor dem Servieren die Blattpetersilie unterrühren, einen guten Klecks Schmand draufgeben, mit Olivenöl beträufeln und fertig.

SCHOLLE »FINKENMEGA« MIT SCHNELLEN KARTOFFELN UND GRÜNZEUG

[4 Personen]

ZUTATEN

–1–

FÜR DIE SCHOLLE

4 frische Schollen, ausgenommen und geputzt

150 g magerer Speck, in feine Streifen geschnitten

1 rote Zwiebel, geschält und in feine Streifen geschnitten

1 weiße Zwiebel, geschält und in feine Streifen geschnitten

80 g Butter

1 Handvoll Blattpetersilie, fein geschnitten

Gutes Salz, weißer Zucker, Pfeffer »Melange du noir«

Mehl

–2–

FÜR DIE KARTOFFELN

500 g Drillinge (kleine Kartoffeln mit Schale), nicht zu weich gekocht, längs halbiert

60 g Butter

4 Zweige Rosmarin, gezupft und fein geschnitten

Meersalz

Olivenöl

–3–

FÜR DAS GRÜNZEUG

1 Kopf grüner Salat, gewaschen und gezupft

250 g Schmand oder saure Sahne

1 Bund Grüne-Sauce-Kräuter, gewaschen und fein geschnitten

1 kleine weiße Zwiebel, geschält und in sehr kleine Würfel geschnitten

Saft von 1 Zitrone

1 Teelöffel weißer Zucker

2 Esslöffel Kräuteressig

4 Teelöffel Pflanzenöl

1 Teelöffel grober Senf

Gutes Salz und Pfeffer aus der Mühle

Ein paar Strauchtomaten und **1** Salatgurke für die Optik

ZUBEREITUNG

–1–

FÜR DIE SCHOLLE

Schollen salzen, pfeffern und ganz leicht zuckern, leicht mehlieren und in heißem Fett in der Pfanne von beiden Seiten kross braten. Schollen rausnehmen und im Backofen bei 150 Grad fertig garen. In dem Bratensatz von den Schollen den Speck und die Zwiebeln kross braten, die Butter dazugeben und kurz vor dem Servieren die Petersilie drübergeben.

–2–

FÜR DIE KARTOFFELN

Butter mit der gleichen Menge Olivenöl erhitzen, den Rosmarin dazugeben und das Ganze mit den Kartoffeln mischen, mit der Schnittfläche nach oben auf ein Backblech mit Backpapier geben, mit grobem Meersalz bestreuen und bei 200 Grad für 15 bis 20 Minuten in den Ofen schieben.

–3–

FÜR DAS GRÜNZEUG

Kopfsalat auf eine Platte geben, alle anderen Zutaten gut miteinander verrühren, mit Salz und Pfeffer abschmecken und über den Salat geben.

DER WIRKLICH WAHRE MILCHREIS
MIT ZUCKER, ZIMT UND FLONANEN

[4 Personen]

ZUTATEN

–1–

FÜR DEN WIRKLICH WAHREN MILCHREIS

250 g Milchreis
1 Vanilleschote, halbiert
800 ml Milch
200 ml Sahne
200 ml griechischer Joghurt
80 g Zucker
1 Prise Salz
1 Zimtstange
Zucker und Zimt zum Bestreuen

–2–

FÜR DIE FLONANEN

2 Bananen, geschält und geviertelt
200 ml Kokosmilch
50 g Butter
2 Esslöffel brauner Zucker
Saft von 2 Orangen

ZUBEREITUNG

–1–

FÜR DEN WIRKLICH WAHREN MILCHREIS

Vanilleschote zusammen mit der Milch, der Sahne, dem Zimt, dem Salz, dem Zucker und dem Reis unter Rühren zum Kochen bringen und dann bei ganz schwacher Hitze 1 Stunde ziehen lassen. Leicht abkühlen lassen und kurz vor dem Servieren den Joghurt unterrühren. Mit Zucker und Zimt nach Geschmack bestreuen.

–2–

FÜR DIE FLONANEN

Zucker karamellisieren, Butter dazugeben und die Bananen in der Karamellbutter schwenken. Mit Orangensaft ablöschen, Kokosmilch dazugeben und einmal richtig aufkochen lassen. Eventuell mit etwas Speisestärke andicken.

MARTERIA
STERNZEICHEN SCHÜRZE

KOCHBOX, BERLIN

Alle lieben Marten Laciny. Spätestens seit seinem letztjährigen Hit »Lila Wolken«, den er gemeinsam mit seinen Freunden Yasha und Miss Platnum schrieb, aufnahm und performte, befindet sich ganz Deutschland im Marteria-Fieber. Die Hip-Hop-Szene hatte der heute in Berlin lebende Rostocker zu diesem Zeitpunkt längst im Sturm erobert, durch seinen Charme und seine Lässigkeit, aber auch durch seine Authentizität und seine Haltung. Drei Alben als Comicfigur mit Heliumstimme namens Marsimoto und zwei Alben als Marteria zementierten seinen Platz an der Spitze der neuen deutschen Reimgeneration. Vor allem »Zum Glück in die Zukunft« gilt Kennern als wichtigstes Album des Umschwungs, weg von der Aggro-Ära, hin zum aktuellen Eklektizismus, in dem auch Indierock, Clubkultur und allerlei Electronica eine entscheidende Rolle spielen.

An Marten Laciny kommt man nicht vorbei, wenn man sich dieser Tage mit deutschsprachiger Musik auseinandersetzt. Wenn es einer schafft, ein Hommage-Projekt mit hochgepitchter Stimme, marihuanaschwangeren Texten und einem grünen Fabelwesen in den Top 3 der deutschen Albumcharts zu platzieren, dann muss man sich vor diesem Mann verneigen. Und die ganzen ollen Kamellen, von wegen Ex-Fußballnationalspieler, Ex-Laufstegmodel, Ex-Schauspieler – die lassen wir so langsam mal getrost stecken, denn kaum ein Künstler hat die deutsche Popkultur der letzten fünf Jahre mit seinen aussagestarken Bildern, seiner charakteristisch tiefen Stimme und seinem sicheren Gespür für Zeitgeist so sehr geprägt. Da braucht es die Aufhängerstory des getriebenen Weltenbummlers aus dem Rostocker Plattenbau längst nicht mehr.

Umso dankbarer war Christoph Brand, als Marteria sich auf seine Anfrage hin für die Idee einer gemeinsamen Koch-Session erwärmen konnte, obwohl der Rapper laut eigener Aussage etwa während einer Albumproduktion auch monatelang nur Toast mit Ketchup essen kann. Das Shooting fand schließlich, nach mehreren Terminverschiebungen, in der Berliner »Kochbox« am Alexanderplatz statt. Schauen wir ohne weitere Umwege ins Menü: »Neue Nikes«, so hieß ein Song von Marteria aus dem Jahr 2009, der kurz vor seinem großen Durchbruch mit »Zum Glück in die Zukunft« als frei verfügbarer Download im Internet erschien. »Grüner Samt« war der Titel des dritten Marsimoto-Albums, das mit samtener CD-Hüllenoberfläche und reichlich klassischen Hip-Hop-Referenzen die Charts stürmte – eine Referenz an das ikonische Deutschrap-Album »Blauer Samt« von Torch aus Heidelberg. Und »Lila Wolken« kennt ihr ohnehin alle. Wenn ihr ehrlich seid, hattet ihr letzten Sommer alle diesen einen Moment, bei Sonnenunter- oder -aufgang, nach einigen Bieren oder Gin Tonics, im Kreise der besten Menschen überhaupt, als dieser Song plötzlich einfach nur noch Sinn machte: in seiner rückhaltlosen Carpe-diem- respektive YOLO-Logik, in seinem unbedingten Bekenntnis zum Hier und Jetzt. »Wir leben immer schneller, feiern zu hart / wir treffen die Freunde und vergessen unseren Tag«, singt Marterias Kumpel Yasha. Auch über der »Kochbox« zogen irgendwann lila Wolken in die Nacht. Oder, um mit den Worten des Künstlers zu sprechen: Man muss auch mal Danke sagen. Danke, Marteria.

FLANKE
BLITZGERÄUCHERT,
IM NEUEN
NIKEKARTON

BOULETTE DEKADENT

GREEN WIESE

PANNA COTTA
MIT **LILA WOLKE**

NY
LEADERS of the
Culinary

LEADERS

worldclass

URSALZ PUR
NEW

FLANKE
BLITZGERÄUCHERT, IM NEUEN NIKE-KARTON

[4 Personen]

ZUTATEN

–1–

FÜR DIE FLANKE

600 g Flanke vom US-Beef, geputzt, ohne Sehnen

1 Zweig Rosmarin

1 Zweig Thymian

1 angedrückte Knoblauchzehe

Etwas Butterschmalz zum Nachbraten

Salz, schwarzer Pfeffer aus der Mühle, Zucker

–2–

FÜR DIE BARBECUESAUCE/VINAIGRETTE

1 Dose Cola

100 ml Ketchup

50 ml Tomatenessig

1 Dose Schältomaten, gewürfelt

Je 1 Paprikaschote in Rot/Grün/Gelb, klein gewürfelt

2 rote Zwiebeln, klein gewürfelt

1–2 Chilischoten – je nachdem, wie scharf es werden soll –, fein geschnitten

1 walnussgrosses Stück Ingwer, fein gewürfelt

1 Knoblauchzehe, fein zerdrückt

1 Esslöffel brauner Zucker

Paprikapulver edelsüß, Salz und schwarzer Pfeffer zum Abschmecken

1 Schuss Olivenöl

–3–

AUSSERDEM

1 Imker- oder Räucherpistole

2 Handvoll Rosmarin und Thymian

1 Nike-Schuhkarton und Alufolie

4 Handvoll wilder Wiesenkräutersalat

Gutes Olivenöl

ZUBEREITUNG

–1–

FÜR DIE FLANKE

Das Fleisch leicht zuckern und gut salzen; auf ein Gitterblech packen und die Flanke für 90 Minuten bei 65 Grad in den Backofen schieben. Danach in der heißen Pfanne mit dem Rosmarin, Thymian und Knoblauch von beiden Seiten noch kross braten und kräftig mit Pfeffer würzen. Dann ab in den mit Alufolie und Rosmarin/Thymian ausgelegten Nike-Schuhkarton, gut verschließen und mit der Räucherpistole ordentlich Rauch reinblasen. 5 Minuten wirken lassen.

–2–

FÜR DIE BARBECUESAUCE/VINAIGRETTE

Den braunen Zucker karamellisieren und gleich das Olivenöl, die Chilischote(n), die Zwiebeln, den Knoblauch und den Ingwer dazugeben, mit den Schältomaten und der Cola ablöschen und ca. 20 Minuten köcheln lassen. Den Ketchup dazugeben und mit Paprika edelsüß, Salz und ordentlich Pfeffer abschmecken. Um den Vinaigrette-Salat-Charakter zu wahren, jetzt noch den Essig und die frischen Paprika unter die Sauce rühren.

Das frisch gesmokte Fleisch in amtliche Streifen schneiden, mit den Wildkräutern und der Barbecuesauce servieren und mit gutem Olivenöl beträufeln.

»BOULETTE DEKADENT«

[4 Personen]

ZUTATEN

–1–

FÜR DIE BOULETTE DEKADENT

4 Rinderfiletsteaks à 120 g
300 g Rinderhack
1 kleine Zwiebel, fein gewürfelt
1 Knoblauchzehe, fein zerdrückt
1 Ei
1 Esslöffel Ketchup
1 Teelöffel süßer Senf
Salz, schwarzer Pfeffer aus der Mühle, etwas Zucker
Öl zum Braten und ein paar Zweige Thymian und Rosmarin

–2–

FÜR DIE BLITZSAUCE

2 rote Zwiebeln, in Streifen geschnitten (wir hatten rote Minizwiebeln)
1 Glas des guten Lafers-Rinderfonds
400 ml Rotwein
6 Esslöffel dunkler Balsamico
2 Thymianzweige
1 Esslöffel brauner Zucker
Eventuell Salz und Pfeffer

–3–

FÜR DAS MISCHGEMÜSE

100 g geputzte Zuckerschoten
2 Möhren, geschält und in dünne Scheiben geschnitten
6 Stangen Spargel, geschält und in dünne Scheiben geschnitten
Salz und weißer Zucker
1 gute Butterflocke

–4–

AUSSERDEM

4 Teelöffel Trüffelkaviar (gibt's bei www.bosfood.de)

ZUBEREITUNG

–1–

FÜR DIE BOULETTE DEKADENT

Das Hack mit den Zwiebeln, dem Knoblauch, dem Ei, dem Ketchup und dem Senf gut durchkneten, mit Salz, schwarzem Pfeffer und einer Prise Zucker abschmecken. Die Filetsteaks in der Mitte über Kreuz einschneiden, leicht salzen und zuckern und in den Kreuzschnitt das zu einer Boulette geformte Hack reindrücken. In der heißen Pfanne mit Thymian und Rosmarin zuerst von der Hackseite 1 Minute anbraten und dann bei 160 Grad für ca. 12–15 Minuten in den Ofen schieben.

–2–

FÜR DIE BLITZSAUCE

Die roten Zwiebeln zusammen mit dem Zucker karamellisieren und mit dem Rotwein ablöschen, mit dem Fond auffüllen; den Thymian dazugeben und alles zusammen bis auf die Hälfte runterkochen lassen. Den Balsamico dazugeben, mit Salz und Pfeffer abschmecken und eventuell mit etwas Speisestärke oder einem Stück kalter Butter leicht binden.

–3–

FÜR DAS MISCHGEMÜSE

Das Gemüse gut salzen und leicht zuckern, 20 Minuten stehen lassen und dann quasi im eigenen Saft garen, kurz vor Schluss noch eine gute Butterflocke dazugeben und eventuell mit Salz und Pfeffer bzw. Muskat nachschmecken.

Vor dem Servieren noch den Trüffelkaviar auf die Filet-Boulette platzieren und zusammen mit dem Gemüse und der Blitzsauce servieren. Wir haben für die Kohlehydratfans noch kleine Drillinge mit Rosmarin und Meersalz im Ofen gebacken.

GREENE WIESE PANNA COTTA
MIT LILA WOLKE

[4 Personen]

ZUTATEN

–1–

FÜR DIE GREENE WIESE PANNA COTTA

100 ml Sahne
100 ml Joghurt
150 ml Orangensaft
50–80 ml Blue Curaçao
3–4 Blatt Gelatine
Abrieb von 1 Orange
1 Esslöffel weißer Zucker
Mark von ½ Vanilleschote

–2–

FÜR DIE LILA WOLKEN

200 ml Heidelbeersaft
200 ml Cranberry-Saft
1 Esslöffel brauner Zucker
1 Esslöffel Lecite

–3–

AUSSERDEM

Himbeeren

ZUBEREITUNG

–1–

FÜR DIE GREENE WIESE PANNA COTTA

Gelatine in kaltem Wasser einweichen. Sahne, Joghurt, Orangensaft, Zucker, Zucker und Vanille glatt rühren. Gelatine zusammen mit dem Curaçao erhitzen, bis sich die Gelatine gelöst hat – auf keinen Fall kochen –, und per Wärmeaustausch in die Sahne-Joghurt-Masse einrühren. In 4 Gläser füllen und für 1 Stunde kalt stellen.

–2/3–

FÜR DIE LILA WOLKEN

Die Säfte zusammen mit dem Zucker und dem Lecite sehr gut verrühren, am besten mit dem Stabmixer, und mithilfe einer Aquariumpumpe zu den Wolken aufblasen; geht auch mit einem Milchschäumer oder Stabmixer. Die Himbeeren und die Wolken auf die Panna cotta geben und servieren.

HENNING WEHLAND BACKSTUBE UNPLUGGED

BACKSTUBE, MÜNSTER

Seine erste Band H-Blockx steht schon seit den mittleren Neunzigerjahren Pate für eine Kreuzung von alternativem Rock und Hip-Hop mit deutschen Texten; und auch wenn sich etwa ein Casper in Interviews immer wieder von der daraus resultierenden Musikströmung »Crossover« distanziert hat, lässt sich eine objektive Artverwandtschaft zwischen den damaligen Versuchen und heutigen Grenzgängern zwischen Hip-Hop und Indie kaum verleugnen – lediglich die Ästhetik und die Inhalte sind anders. Ist auch sehr leicht nachvollziehbar, wenn man genauer in die Materie einsteigt und weiß, dass H-Blockx-Drummer Steffen »Steddy« Wilmking einer der Soundarchitekten von Caspers Meilenstein »XOXO« war. Henning Wehland, Sänger und Frontmann der Band, hat mit Casper allerdings nichts zu tun. Seit gut 15 Jahren sorgt er auch als Teil der Söhne Mannheims dafür, dass Rock, Soul, Pop und Rap unter einem Dach passieren dürfen. Zudem managt er heute neben seiner aktiven Musikerkarriere Acts wie Pohlmann und drückt der zeitgenössischen Popkultur allein durch seine Rolle als Juror bei der erfolgreichen Casting-Show »The Voice« und deren Derivat »The Voice Kids« seinen Stempel auf.

Christoph Brand, erklärter Fan vor allem der Söhne Mannheims, lauerte dem viel beschäftigten Musiker und Manager beim Tourstopp seiner Band in Kassel auf. Die erste Verbindungsanbahnung lief über Pohlmann, mit dem Brand zu diesem Zeitpunkt bereits für dieses Buchprojekt gekocht hatte. Auf der Abschlussparty der Tour wurde Wehlands Teilnahme schließlich final eingetütet, auch wenn dafür keine große Überredungskunst vonnöten war: Henning war laut Christoph mit Abstand der kochbegeistertste Künstler in diesem Buch, das Menü gehörte dementsprechend auf rein technischer Ebene auch zu den anspruchsvollsten Aufgaben des Projektes. Zwei Tage vor Weihnachten 2012 fanden die Session und das Shooting mit Rüdiger Glatz statt, und zwar bei den Proben zu Hennings kurz darauf anstehendem Konzert in Münster. Die »Backstube« eignete sich perfekt als Location für die Verschmelzung von Musik und Kochkunst, weil sie schon in ihrem räumlichen Konzept sowohl eine Küche und eine Bühne auf engstem Raum vereint. Das Resultat: ein einziger Gänsehaut-Abend. Während der Proben zu kochen, das war selbst für den umtriebigen Koch mit weitreichenden Verbindungen in die Musikszene ein Novum und eine wunderbare Erfahrung.

BEEF
Tatar

BŒUF
Bourguignon

ALRHONA
UCHEN
mit Glühbirne

US. qt
4.0

ST. PAU

BEEF TATAR FÜR ALLE
MIT DOSENBROT UND ROTER BEETE

[4 Personen]

ZUTATEN

–1–

FÜR DAS TATAR

500 G Rindertatar, gerne vom Metzger des Vertrauens
1 Esslöffel Kapern, fein gehackt
1 Esslöffel Sardelle, fein gehackt
1 Rote-Beete-Knolle, gekocht und in feine Würfel geschnitten
8 Cornichons, in feine Würfel geschnitten
1 Bund Schnittlauch, in feine Ringe geschnitten
1 kleine Zwiebel, geschält und in feine Würfel geschnitten
1 Esslöffel grober Senf
2 Esslöffel Ketchup
Schwarzer Pfeffer aus der Mühle, etwas Zucker und gutes Salz zum Abschmecken
Eventuell Cayennepfeffer

–2–

FÜR DAS DOSENBROT

4 leere Blechdosen
500 G Mehl
4 Esslöffel Olivenöl
½ Stück Hefe
1 Esslöffel halb oder ganz getrocknete Tomaten
300 ML Wasser, lauwarm
100 G Mehl zum Kneten und Ausrollen
2 Esslöffel Olivenöl für die Dosen zum Ausfetten

ZUBEREITUNG

–1–

FÜR DAS TATAR

Alle Zutaten gut und mit Gefühl miteinander verkneten und mit Pfeffer, Salz und Zucker abschmecken.

–2–

FÜR DAS BROT

Aus den Zutaten einen Teig kneten, 30 Minuten stehen lassen, noch mal kurz durchkneten, in 4 gleich große Stücke schneiden und in die vorgefetteten Dosen geben. Bei 180 Grad ca. 20–30 Minuten, je nachdem, wie geil euer Ofen ist, backen.

Am besten dann immer ein Stück noch warmes Brot aus der Dose reißen und mit dem Tatar direkt in den Mund stecken.

BŒUF BOURGUIGNON »ALLES IN EINEM«

[4 Personen]

ZUTATEN

–1–

FÜR DAS BŒUF BOURGUIGNON

800 g falsches Filet (Bürgermeisterstück)
1 Dose Schältomaten, gewürfelt
1 paar Zweige Rosmarin und Thymian
1 Esslöffel Senfkörner
2 Lorbeerblätter
1 Teelöffel Wacholderbeeren
1 Nelke
1 Liter Rotwein
3 rote Zwiebeln, geschält und in grobe Spalten geschnitten
3 Möhren, geschält und in grobe Stücke geschnitten
¼ Sellerieknolle, geschält und in grobe Würfel geschnitten
1 Pastinake, geschält und in grobe Würfel geschnitten
4 große Kartoffeln, festkochend, geschält und in grobe Stücke geschnitten
Grober Senf, Balsamicoessig, schwarzer Pfeffer aus der Mühle, etwas Zucker und gutes Salz zum Würzen und Abschmecken
Butterschmalz zum Anbraten
4 Esslöffel saure Sahne, **Abrieb von 1** Zitrone und Blattpetersilie zum Anrichten

ZUBEREITUNG

–1–

FÜR DAS BŒUF BOURGUIGNON

Das Fleisch mit kaltem Wasser abspülen und gut trocken tupfen. Kräftig mit Salz und etwas Zucker würzen. Im heißen Butterschmalz von allen Seiten gut anbraten, die Zwiebeln mit angehen lassen, dann die Schältomaten dazugeben, bis die meiste Flüssigkeit verkocht ist. Senfkörner, Lorbeer, Nelke, Wacholder dazugeben und jetzt dreimal mit Rotwein löschen, runterkochen lassen ... löschen, runterkochen lassen ... löschen, runterkochen lassen ... dann mit einem guten Liter Wasser auffüllen und bei normaler Hitze 90 Minuten köcheln lassen. Für ca. 20 Minuten jetzt alle Gemüse, die Kartoffeln sowie Rosmarin und Thymian in der Sauce kochen lassen, mit einem mutigen Schluck Balsamico, dem Senf sowie reichlich Pfeffer, Salz und eventuell noch etwas Zucker abschmecken. Das Fleisch rausnehmen, in amtliche Würfel schneiden, auf 4 Schalen verteilen und die Sauce mit den Kartoffeln und dem Gemüse darübergeben, mit saurer Sahne, Blattpetersilie und Zitronenabrieb finishen und ab dafür.

FLÜSSIGER VALRHONAKUCHEN
MIT GLÜHBIRNE GESCHÄUMT

[4 Personen]

ZUTATEN

–1–

FÜR DEN KUCHEN

90 g flüssige Butter
3 Eier
40 g Mehl
100 g Kuvertüre, 70 % im Idealfall von Valrhona
100 g Zucker

–2–

FÜR DIE GLÜHBIRNEN

2 Birnen, geschält, entkernt und in Spalten geschnitten
300 ml Rotwein oder auch Glühwein
1 Zimtstange
½ Vanilleschote, längs halbiert
1 Sternanis
2 Esslöffel weißer Zucker
Saft und Abrieb von 1 Orange
4 Esslöffel O-Saft extra
½ **Teelöffel** Mondamin

–3–

FÜR DEN VANILLESCHAUM

200 ml Vanillemilch
Die andere ½ Vanilleschote, längs halbiert
Eventuell noch etwas Zucker
1 Messerspitze Zimt

ZUBEREITUNG

–1–

FÜR DEN KUCHEN

Eier und Zucker 10 Minuten schaumig schlagen. Jetzt die flüssige Butter, die flüssige Kuvertüre und das Mehl weitere 10 Minuten unterrühren und in kleine Dosen/Tassen abfüllen und für 1 Stunde in den Froster stellen. Bei 180 Grad 8 bis 10 Minuten backen.

–2–

FÜR DIE GLÜHBIRNEN

Zucker karamellisieren, Vanille, Zimt, Sternanis dazu, mit dem Rotwein ablöschen, aufkochen, Saft und Abrieb von der Orange dazu und die Birnen dazugeben, 2 Minuten leicht köcheln lassen. Die Birnen rausnehmen und den Rotweinfond mit ½ halben Teelöffel Mondamin in 4 Esslöffel kaltem O-Saft angerührt andicken und noch einmal richtig kochen lassen. Jetzt die Birnen wieder dazugeben und alles erkalten lassen.

–3–

FÜR DEN VANILLESCHAUM

Vanillemilch, die Vanilleschote, den Zucker und den Zimt einmal aufkochen lassen, beiseitestellen und kurz vor dem Servieren mit dem Stabmixer oder einem Milchschäumer kräftig aufschäumen.

Birnen auf dem noch heißen Kuchen anrichten und mit dem Schaum dekorieren.

SAMY DELUXE MEAT 'N' GREET

KUNSTWERKSTADT IN BRACKEL

Zu behaupten, Christoph Brand sei ein Fan von Samy Deluxe, wäre eine dreiste Untertreibung. Der Hamburger Vollblutrapper stand auf seiner Wunschliste für dieses Buch ganz oben. Trotzdem fand die Kochsession mit Mr. Deluxe erst ganz am Schluss statt, nur knapp vor Druckabgabe. Immerhin hat Samy alle Hände voll zu tun mit seinen zahlreichen musikalischen und sozialen Projekten: Gerade erst hatte er mit seinem Album »SchwarzWeiß« den deutschen Hip-Hop-Thron zurückerobert und sich anschließend als »Herr Sorge« mit elektronischen Beats an »Fröhlicher Weltuntergangsmusik« versucht, da arbeitete er schon wieder an seinem Mixtape »Perlen vor die Säue«, das im November erschien, und seinem nächsten Album »Männlich«.

Seit Samy Deluxe vor 15 Jahren mit seiner Band Dynamite Deluxe die Bildfläche betrat, ist er aus der hiesigen Rap-Landschaft nicht mehr wegzudenken. »Pures Gift« hieß die erste Maxi, die Dynamite Deluxe 1998 seinerzeit noch über das Hamburger Szene-Label Eimsbush Entertainment veröffentlichten. Eine Kopie dieses raren Schatzes aus schwarzem Gold steht bei Christoph Brand im Tresor – bis heute unberührt und jungfräulich, versteht sich. Wie viele andere hält er Samy vor allem für einen der begnadetsten Live-MCs des Landes. Zumindest ist er derjenige, der den klassischen Begriff des »Masters of Ceremony« bis heute auf ideale Weise verkörpert: ein Charismatiker vor dem Herrn, der jeden Raum, den er betritt, sofort mit seiner überlebensgroßen Persönlichkeit ausfüllt und der eine ganze Menschenmasse nur mit dem Heben oder Senken seiner Stimme in Begeisterung, Freude oder Melancholie versetzen kann.

Samy Deluxe ist ein Künstler im Rapper-Gewand, der seit Jahren permanent die Grenzen dessen sprengt, was im herkömmlichen Hip-Hop als erlaubt und zulässig gilt. Seit geraumer Zeit lebt und arbeitet der Sohn eines Sudanesen und einer Deutschen in der »KunstWerkStadt«, einem kleinen Musikerparadies mit eigenem Studio und Proberaum mitten im Nirgendwo, eine halbe Autostunde südlich von seiner Heimatstadt Hamburg. Regelmäßig empfängt er dort kreative Gäste aus unterschiedlichsten Genres, um an seinen oder deren Projekten zu arbeiten. Und wenn er nicht gerade in der niedersächsischen Provinz an neuer Musik schraubt, dann engagiert er sich mit seinem Verein Crossover e. V. für den Austausch zwischen Jugendlichen verschiedener Schulformen und Gesellschaftsschichten, fungiert als Botschafter für den Welt-Aids-Tag oder macht sich gegen Analphabetismus stark. Samy ist eben ein Entertainer, der sein soziales Bewusstsein und seine Glaubwürdigkeit nicht an der Eintrittspforte zum Musikgeschäft verpfändet hat.

In seiner Strophe auf dem Remix zu Max Herres »Rap ist« erklärte Samy fachmännisch: »Ihr wollt wissen, was ein ›Wrap‹ ist, so ähnlich wie ein Sandwich/nur statt dem Brot gibt's Tortillas, die man um den Inhalt rollt.« Eine Steilvorlage für Christoph Brand, der für ihn einen hausgemachten Bratwurst-Wrap namens »Wurstmaschine« erfand. Das Labskaus steht für die Heimatstadt, die Nachspeise bezieht sich selbstredend auf Samys bürgerlichen Nachnamen Sorge.

WURSTMASCHINE
LABSKAUS
TIRAMISORGE

MEAT

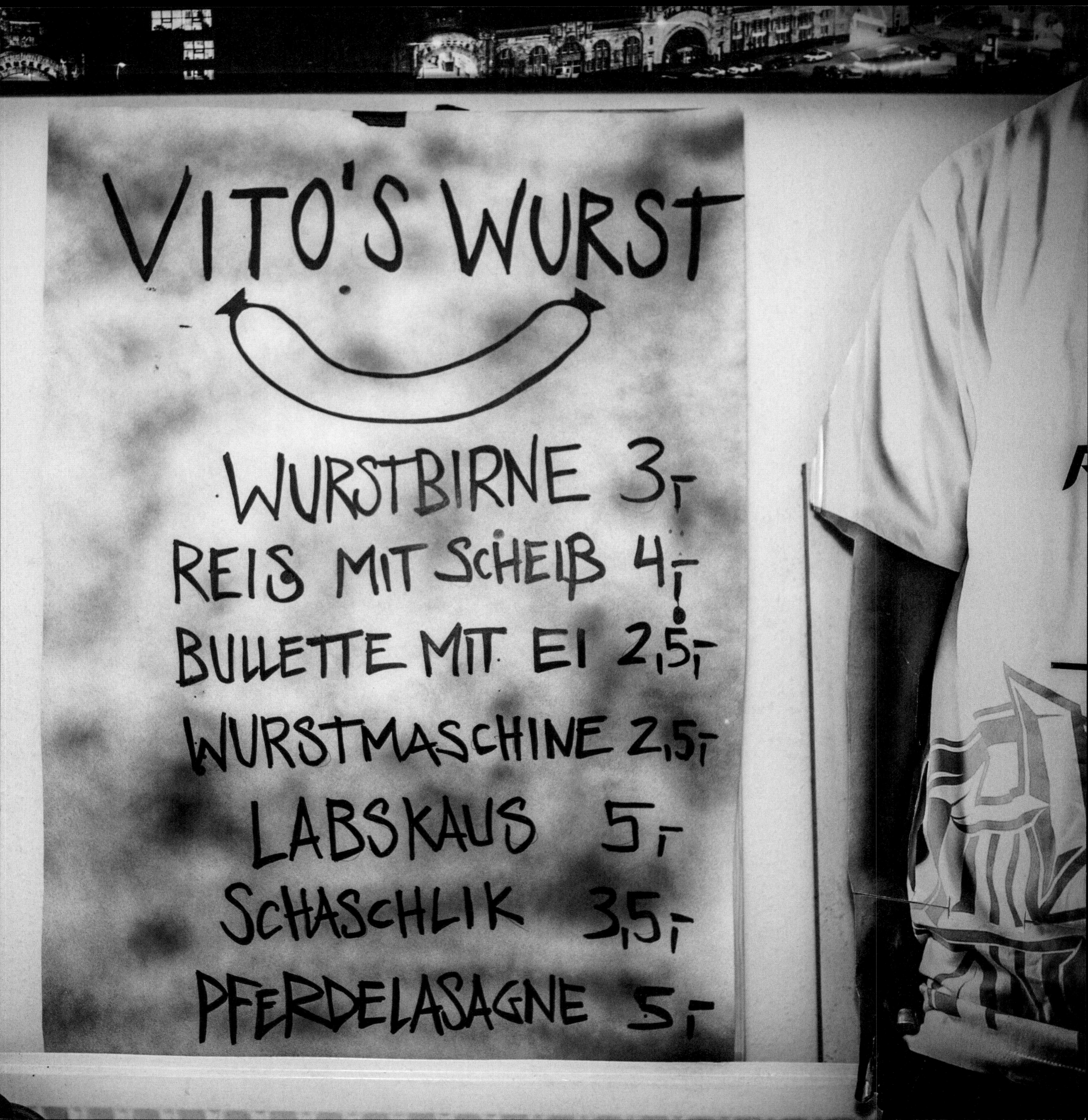
VITO'S WURST
WURSTBIRNE 3,-
REIS MIT SCHEIß 4,-
BULLETTE MIT EI 2,5,-
WURSTMASCHINE 2,5,-
LABSKAUS 5,-
SCHASCHLIK 3,5,-
PFERDELASAGNE 5,-

PILS
KAISER-BREWERY
PILSENER BEER

MEAT

MEAT

MEAT
C

MEA

»WURSTMASCHINE«

HOMEMADE BRATWURST-WRAP MEETS KOPFSALAT IN ST.PAULI.PIXEL.SENF-VINAIGRETTE

[4 Personen]

IHR WOLLT WISSEN, WAS EIN WRAP IST. SO ÄHNLICH WIE EIN SANDWICH, NUR STATT DEM BROT, GIBT'S TORTILLAS, DIE MAN UM DEN INHALT ROLLT.

ZUTATEN

–1–

FÜR DEN BRATWURST-WRAP

4-8 Bratwürste je nach Geschmack und Größe
4 Wraps
8 schöne Blätter Kopfsalat, gewaschen
12 eingelegte getrocknete Tomaten (aus dem Glas)
1 Zucchini, grün, in Würfel geschnitten
1 Zucchini, gelb, in Würfel geschnitten
1 weiße Zwiebel, in feine Würfel geschnitten
1 Knoblauchzehe, geschält und fein geschnitten
1 Handvoll Blattpetersilie, fein geschnitten
Salz, Zucker und schwarzer Pfeffer aus der Mühle
Öl zum Braten

–2–

FÜR DIE VINAIGRETTE

1 Esslöffel handelsüblicher Senf
2 Esslöffel St.Pauli.Pixel.Senf
6 Esslöffel Essig
50 ml Gemüsebrühe
80 ml Sonnenblumenöl
½ Esslöffel Honig
Salz und schwarzer Pfeffer aus der Mühle
1 Bund Schnittlauch, fein geschnitten

ZUBEREITUNG

–1–

FÜR DEN BRATWURST-WRAP

Bratwürste braten und im Ofen heiß halten. Die Zucchini zusammen mit der Zwiebel und dem Knoblauch in etwas Öl anbraten, mit Pfeffer und Salz abschmecken, die Tomaten dazugeben, genauso wie die Blattpetersilie, und ebenfalls warm stellen. Die Wraps auch kurz im Ofen erwärmen und das Rollen kann beginnen.

–2–

FÜR DIE VINAIGRETTE

Den handelsüblichen Senf zusammen mit der Brühe, dem Essig und dem Honig glatt rühren und dann mithilfe eines Stabmixers langsam das Öl reinmixen. Den St.Pauli.Pixel.Senf mit einem Schneebesen unterrühren und mit Salz und schwarzem Pfeffer aus der Mühle abschmecken. Kurz vor dem Servieren den Schnittlauch dazugeben.

–3–

ZUM WRAPROLLEN

Ein Stück Alufolie auslegen, den Wrap darauflegen, den Kopfsalat darauf verteilen und jeweils ¼ der Zucchini-Tomaten-Masse hinzugeben, diese wiederum mit ¼ der Vinaigrette beträufeln und zum guten Schluss 1 bis 2 Bratwürste »twixmäßig« nebeneinander auflegen. Den Wrap von unten so einschlagen, dass nichts mehr rausfallen kann, den Wrap aufrollen und mithilfe der Alufolie fixieren. Viel Glück!

»LABSKAUS IN MÄNNLICH«
TOMAHAWKS MIT ROTER BEETE, GURKE, MATJES, POTATO UND GESPIEGELTEM EI

[4 Personen]

ZUTATEN

–1–

FÜR DAS LABSKAUS

200 g mehlig kochende Kartoffeln, geschält
100 g Süßkartoffeln, geschält
1 Zwiebel, in Würfel geschnitten
1 Rote Beete, gekocht und in kleine Würfel geschnitten
2 Gewürzgurken, in feine Würfel geschnitten
4 Matjesfilets, in feine Würfel geschnitten
4 Eier
1 Handvoll Blattpetersilie, fein geschnitten
120 g Butter
Salz, schwarzer Pfeffer aus der Mühle, Kümmel
Eventuell Blechdosen zum Anrichten

–2–

FÜR DAS TOMAHAWK

1 Tomahawk Dry Aged Beef von dem Aubrac-Rind (geht natürlich auch mit Roastbeef aus Argentinien oder so)
Öl zum Braten
Salz, etwas Zucker
Je **1 Zweig** Rosmarin und Thymian
1 Knoblauchzehe, angedrückt
50 g Butter

ZUBEREITUNG

–1–

FÜR DAS LABSKAUS

Die Kartoffeln und die Süßkartoffeln in Salzwasser weich kochen, auf ein Sieb geben, ausdampfen lassen, wieder zurück in den Topf geben und zusammen mit der Hälfte der Butter stampfen. Die Zwiebeln in etwas Butter goldbraun braten und mit schwarzem Pfeffer aus der Mühle und etwas Zucker abschmecken, die Rote Beete und die Gürkchen ebenfalls in etwas Butter anschwitzen und mit einer Messerspitze Kümmel, Zucker, schwarzem Pfeffer und Salz abschmecken. Jetzt sowohl die Zwiebeln als auch die Rote Beete mit den Gürkchen unter den Kartoffelstampf rühren und kurz vor dem Servieren die Blattpetersilie dazugeben. Die Spiegeleier ebenfalls erst kurz vor dem Servieren braten und über den Kartoffelstampf geben. Den Matjes haben wir extra dazu gereicht; je nach Geschmack und Gusto kann ihn jeder selber unterrühren.

–2–

FÜR DAS TOMAHAWK

Das Tomahawk-Steak ganz leicht zuckern, gut salzen und bei 60 bis 70 Grad für 60 Minuten in den Ofen schieben. Danach in der heißen Pfanne zusammen mit dem Knoblauch und den Kräutern rundum goldbraun braten. Kurz vor Schluss die Butter dazugeben und das Fleisch kräftig pfeffern. Im Original wird ja Cornedbeef unter die Kartoffelmasse gerührt; wir haben aber alles zusammen auf ein Brett gepackt und jeder hat sich Fleisch nach Laune abgeschnitten und mit dem Rest vermischt.

»TIRAMISORGE«

[4 Personen]

ZUTATEN

–1–

FÜR DAS TIRAMISORGE

300 g Mascarpone

100 g leicht geschlagene Sahne

2 Esslöffel Puderzucker

Abrieb und Saft von 2 Mandarinen

Mark von 1 Vanilleschote

¼ Tonkabohne, fein gerieben

6 Stück Löffelbiskuit

4 doppelte Espresso

4 Esslöffel Kaffeelikör

Kakao zum Bestäuben

–2–

AUSSERDEM

4 Gläschen mit Schraubverschluss **(ca. 120 ml)**

ZUBEREITUNG

–1/2–

FÜR DAS TIRAMISORGE

Den Mascarpone mit dem Puderzucker, dem Abrieb und Saft von den Mandarinen, dem Vanillemark und der geriebenen Tonkabohne sehr gut verrühren und dann mit Gefühl die Sahne unterheben. Mit der Hälfte der Löffelbiskuits den Boden in den 4 Gläsern bedecken und mit der Hälfte des Espressos beträufeln sowie jeweils 1 Esslöffel Kaffeelikör, dann die Hälfte der Mascarponemasse daraufgeben und das Gleiche noch mal von vorne. Zum Schluss das Ganze mit Kakaopulver pudern und mit dem Deckel verschrauben. Für 2 Stunden kühl stellen.

GLASPERLENSPIEL VISUAL COOKSTORE

MÜNCHEN

Nicht jeder der Künstler in »Kochen Unplugged« wurde ausgewählt, weil Christoph Brand eine langjährige musikalische Beziehung zu ihm hegt. Manche Kollaborationen, da darf man ruhig ganz ehrlich sein, passierten eher zufällig – sind dadurch aber nicht weniger wertvoll fürs Ergebnis. So wie die Session mit dem empfindsamen Singer-/Songwriter-Duo Glasperlenspiel aus Stockach am Bodensee, die sich vor allem deshalb ergab, weil der Manager des Duos ein Freund von Brands Partner bei den »Fliegenden Köchen« ist. Über diese Verbindung fügte es sich, dass Carolin und Daniel ihren zarten Elektropop eines Tages auch im fliegenden Kasseler Restaurant »Amy's Weinhaus« live vorstellten und seitdem sogar noch zweimal dort spielten – auch wegen des begeisterten Feedbacks der Gäste. Glasperlenspiel waren 2011 beim »Bundesvision Songcontest« für ihr Bundesland Baden-Württemberg angetreten und konnten am Ende mit ihrem Song »Echt« immerhin einen stolzen vierten Platz belegen; darauf folgten Charterfolge mit ihren beiden Alben »Beweg dich mit mir« (2011) und »Grenzenlos« (2013). Ihr Debütalbum wurde sogar für über 100.000 verkaufte Einheiten mit einer Goldenen Schallplatte ausgezeichnet.

Das Shooting für »Kochen Unplugged« sollte ursprünglich am Bodensee, ganz nahe dem Heimatort von Glasperlenspiel, auf einem Steg stattfinden. Dreimal war der Termin bereits angesetzt, doch jedes Mal machte das Wetter den Plänen einen Strich durch die Rechnung und das Shooting wurde im wahrsten Wortsinne »vom Winde verweht«. Am Ende landeten Christoph Brand und Glasperlenspiel kurzerhand in der Genießermetropole München, wo sie natürlich den Einkauf für die Gerichte direkt auf dem traditionsreichen Viktualienmarkt erledigten – laut Brand nicht nur ein äußerst angenehmes Erlebnis, sondern auch »der teuerste Einkauf für dieses Buch«.

Carolin und Daniel, die seit vielen Jahren auch privat ein Paar sind, kochten mit Christoph drei Gänge, die in ihren Zutaten trotzdem primär von ihrer badischen Heimat geprägt sind. In Hermann Hesses letztem Roman »Das Glasperlenspiel«, nach dem sich die Band benannt hat, geht es um die Erschaffung einer Universalwissenschaft, einer allgemeingültigen Sprache in Form einer Verknüpfung von Wissensaspekten aus den unterschiedlichsten Sachgebieten und Darbietungsformen – und dieses hehre Ansinnen schlägt tatsächlich auch in ihrem Menü durch: Gemüse, Fisch, Fleisch, Obst, Kräuter und sogar »Minz-Popcorn«, alles in einer Session verarbeitet zu einer universellen Sinnesexplosion, hinter der die einzelnen Bestandteile zurücktreten. Ein Glasperlenspiel für die Geschmacksnerven, sozusagen.

KARTOFFELN IN THE MIX

GESURFT & GETURFT

BLITZ FROST

PLAY

KARTOFFELN IN THE MIX
MIT GARNELE UND SPARGEL ASIATISCH MIT BRUNNENKRESSE

[4 Personen]

ZUTATEN

–1–

FÜR DIE KARTOFFELN IN THE MIX

300 g Kartoffeln, festkochend
1 Avocado, geschält und ohne Stein
1 saurer Apfel, geschält und in kleine Würfel geschnitten
1 rote Zwiebel, geschält und in kleine Würfel geschnitten
100 ml kräftige Gemüsebrühe
3 Esslöffel weißer Balsamicoessig
6 Esslöffel Olivenöl
Saft von 1 Zitrone
1 Teelöffel süßer Senf
2 Stängel Blattpetersilie, gezupft
1 Bund Schnittlauch, sehr fein geschnitten
3 Esslöffel helle Sojasauce
Schwarzer Pfeffer aus der Mühle, eventuell Cayennepfeffer

–2–

FÜR DIE GARNELEN

4 schöne große Garnelen, gerne bio, entdarmt und geschält
1 angedrückte Knoblauchzehe
Je 1 Rosmarin- und Thymianzweig
Gutes Salz, schwarzer Pfeffer aus der Mühle
Pflanzenöl, aber kein Olivenöl, zum Braten

–3–

FÜR DEN SPARGEL ASIATISCH

8 Stangen deutscher Spargel, geschält
60 ml Teriyaki-Sauce
1 Teelöffel Sesam
4 Stängel Koriandergrün, gezupft
1 Teelöffel Honig
2 Esslöffel Sesamöl

–4–

AUSSERDEM

2 Handvoll Brunnenkresse, gewaschen

ZUBEREITUNG

–1–

FÜR DIE KARTOFFELN IN THE MIX

Kartoffeln mit Schale kochen, kurz abkühlen lassen, pellen und in Scheiben schneiden. Die Gemüsebrühe mit dem Olivenöl, dem Essig, dem Zitronensaft, der Sojasauce und dem süßen Senf glatt rühren und im Idealfall über die noch warmen Kartoffeln geben. Die Avocado und die gezupfte Petersilie dazugeben und im Mixer pürieren. Die gewürfelten Zwiebeln und den gewürfelten Apfel mit dem Schnittlauch unter die gemixten Kartoffeln rühren, pfeffern und eventuell mit ein bisschen Cayennepfeffer Schärfe reinbringen.

–2–

FÜR DEN SPARGEL ASIATISCH

Den Spargel mit dem Sparschäler quasi in Tagliatelle runterschälen und mit Sesamöl, der Teriyaki-Sauce, dem Honig und dem gezupften Koriandergrün vorsichtig vermengen. Den Sesam in der beschichteten Pfanne ohne Fett goldbraun rösten und sofort über den Spargel geben.

–3/4–

FÜR DIE GARNELEN

Die Garnelen zusammen mit dem Thymian, dem Rosmarin und dem angedrückten Knoblauch in heißem Pflanzenöl (kein Olivenöl) glasig braten. Kurz vor dem Servieren salzen und pfeffern und mit etwas Olivenöl für den Geschmack beträufeln.

Die Garnelen zusammen mit dem Spargel auf den »Kartoffeln in the Mix« anrichten und mit der Brunnenkresse dekorieren.

»GESURFT UND GETURFT«
VON ROASTBEEF UND GEFÄLSCHTEM BODENSEE-FELCHEN

[4 Personen]

ZUTATEN

–1–

FÜR DAS ROASTBEEF

4 Rumpsteaks à ca. 150 g

Gutes Salz, 1 Prise weißer Zucker, schwarzer Pfeffer aus der Mühle

Je 1 Zweig Rosmarin und Thymian

1 Knoblauchzehe, angedrückt

Etwas Öl zum Braten

1 Esslöffel Butter

–2–

FÜR DEN GEFÄLSCHTEN FELCHEN

2 Forellenfilets mit Haut, gerne ohne Gräten

Gutes Salz

1 Zweig Thymian

Abrieb von 1 Zitrone, eventuell den Saft

Etwas Öl zum Braten

1 Esslöffel Butter

Etwas Mehl

–3–

FÜR DIE BOHNENMAULTASCHE

200 g grüne Bohnen (Keniabohnen), geputzt und in kleine Stücke geschnitten

50 g magerer Speck, in kleine Würfel geschnitten

1 kleine weiße Zwiebel, geschält und in kleine Würfel geschnitten

1–2 Esslöffel Semmelmehl

Etwas Butter

Gutes Salz und schwarzer Pfeffer

Weißer Zucker

Vielleicht 1 Knoblauchzehe, fein geschnitten

1 Platte fertiger Maultaschenteig, ausgerollt

1 Eigelb

1 Liter guter Rinder- oder Gemüsefond

–4–

FÜR DIE FRÜHLAUCH-HOLLANDAISE

2 Eigelb

200 g Butter

80 ml Weißwein, trocken

4 Stangen Frühlauch, geputzt und in feine Ringe geschnitten

Saft und Abrieb von 1 Zitrone

Etwas gutes Salz, eventuell Honig und Cayennepfeffer zum Abschmecken

ZUBEREITUNG

–1–

FÜR DAS ROASTBEEF

Die Steaks ganz leicht zuckern und ordentlich salzen, auf ein Gitterblech legen und bei 60 Grad für 30 Minuten in den Ofen schieben. Kurz vor dem Servieren in der heißen Pfanne mit dem Rosmarin, dem Thymian und dem Knoblauch von jeder Seite 30 Sekunden braten, etwas Butter dazugeben und die Steaks schön darin schwenken, pfeffern und fertig.

–2–

FÜR DIE GEFÄLSCHTEN FELCHEN

Die Forellenfilets salzen und ganz leicht mehlieren. In der heißen Pfanne mit etwas Öl und dem Thymian zuerst auf der Hautseite kross braten. Forelle wenden, die Butter genauso wie den Zitronenabrieb dazugeben, kurz aufwallen lassen und vom Herd nehmen. Die Forelle sollte nur noch kurz ziehen und dann auch direkt verzehrt werden.

–3–

FÜR DIE BOHNENMAULTASCHE

Die Bohnen leicht zuckern und salzen und für 20 Minuten stehen lassen. Den Speck, die Zwiebeln und den Knoblauch in etwas Butter goldbraun braten und die Bohnen samt eigenem Saft dazugeben, 2 Minuten köcheln lassen. Mit dem Semmelmehl die Feuchtigkeit in den Bohnen binden und die Masse eventuell mit etwas Pfeffer nachschmecken. Die Bohnen auf den ausgerollten Maultaschenteig geben, die Enden mit Eigelb bestreichen und sorgfältig und dicht Maultaschen herstellen. Die Maultaschen für ca. 15 Minuten in dem Fond leicht köcheln lassen. Im Fond zu Fisch und Fleisch servieren.

–4–

FÜR DIE FRÜHLAUCH-HOLLANDAISE

Alle Zutaten außer der Butter in eine Schüssel geben und über dem Wasserbad in einer Metallschüssel schaumig schlagen. Aus dem Wasserbad nehmen und parallel den Frühlauch in der Butter ganz kurz anschwitzen. Jetzt die geschmolzene »Lauchbutter« langsam und mit etwas Fingerspitzengefühl unter die Eimasse rühren und fertig ist die Sauce. Mit dem Abrieb und Saft von der Zitrone und eventuell mit etwas Salz, Cayennepfeffer und Honig abschmecken.

BLITZFROST
VON DER ERDBEERE MIT MINZ-POPCORN

[4 Personen]

ZUTATEN

–1–

FÜR DEN BLITZFROST

400 g Erdbeeren, tiefgefroren
200 ml Wasser
½ Tonkabohne, fein gerieben
½ Vanilleschote, längs halbiert
Abrieb und Saft von 1 Limette
120 g Zucker

–2–

FÜR DAS POPCORN

3 Handvoll Popcorn, ungesüßt
2 Teelöffel weißer Zucker
1 Teelöffel Honig
Abrieb von 1 Limette
2 Stängel Minze, gezupft und in ganz feine Streifen geschnitten

ZUBEREITUNG

–1–

FÜR DEN BLITZFROST

Das Wasser mit dem Zucker, dem Limettensaft sowie Vanille und Tonkabohne in einem Topf zum Kochen bringen, bis der Zucker komplett gelöst ist. Die Vanilleschote rausnehmen, den Limettenabrieb dazugeben und die Flüssigkeit kühl stellen. Kurz vor dem Servieren die Flüssigkeit zusammen mit den gefrorenen Beeren fein mixen und fertig ist der Erdbeerfrost.

–2–

FÜR DAS POPCORN

Zucker und Honig erhitzen, Limettenabrieb und Popcorn in den heißen Zucker geben, schnell verrühren, frische Minze darüber geben, auf dem Erdbeerfrost anrichten und sofort essen.

MEGALOH
MOABIT SOULFOOD

KOCHBOX, BERLIN

Megaloh ist eine beeindruckende Erscheinung. Ein knapp zwei Meter großer Hüne, muskulös und durchtrainiert, mit familiären Wurzeln in Nigeria und den Niederlanden. Ein gebildeter Straßenpoet, der nie den Bezug zu seinem heimatlichen Arbeiterviertel Moabit verloren hat, der jeden Morgen körperlich schuften geht, um seinen Traum von der Kunst leben zu können. Und der einen beinahe zehn Jahre währenden Weg voller Enthusiasmus und Enttäuschungen gehen musste, bis er endlich auch über die Hip-Hop-Szene hinaus die Anerkennung für seine Kunst bekam, die ihm gebührt. Als Rapper trat er bereits Anfang der Nullerjahre in Erscheinung, überraschte mit seiner Wortgewandtheit und seiner bildreichen Sprache und galt bald als große Hoffnung des deutschen Hip-Hops. Doch nachdem sein Debütalbum »Im Game« (2005), das er über ein eigenes Label veröffentlichte, nicht die erwartete Aufmerksamkeit bekam, ging Megaloh auf eine tatsächliche und metaphorische Reise – zu einem neuen Umfeld, einem neuen Sound, einer neuen Musikalität, und doch: hin zu sich selbst. Christoph Brand lernte Megaloh in dieser Zeit kennen, als er unter anderem mit Patrice, Curse und Xavier Naidoo schrieb und aufnahm, weil er sich immer häufiger im Kölner Supow Studio aufhielt und dort Hunderte Song-Demos produzierte, von denen nur wenige jemals das Licht der Welt erblicken sollten. Vor allem jedoch hörten neben Brand auch viele andere meinungsbildende Figuren aus der Szene und der Industrie das neue Material, sodass sich über Jahre die Spannung in der Szene auf Megalohs großes Major-Debüt halten konnte.

Fast Forward, wir schreiben das Frühjahr 2013. Megaloh veröffentlicht sein zweites Soloalbum »Endlich Unendlich« bei Nesola, dem Label von Max Herre. Bei Max und dessen Frau Joy Denalane hat Megaloh eine neue künstlerische Heimat gefunden. Das Album wurde in einem Zeitraum von knapp zwei Jahren aufgenommen, produziert und feingeschliffen. Es wird kurz darauf in den Top 10 der deutschen Albumcharts einsteigen. »Endlich Unendlich« bedeutet für Megaloh auch: endlich angekommen. Und so feierte er sein Album-Release im engsten Kreis mit Familie, Freunden, Management, Plattenfirma, Produzenten und Kollaborateuren in der Berliner »Kochbox«. Gemeinsam mit Christoph Brand bereitete er am Nachmittag eigenhändig das Menü zu, das aus einigen seiner persönlichen Lieblingszutaten zusammengestellt wurde. So etwa die gegrillten Hähnchen, die auf einer offenen Dose »Jack Daniels & Cola« postiert wurden, bevor sie in den Ofen wanderten.

Mit dem einen oder anderen Glas Bourbon wurde am Abend auch auf die Veröffentlichung seiner Platte angestoßen. Megalohs langer Marsch hat sich am Ende nicht als Irrweg herausgestellt – manchmal muss man eben neue oder verschlungene Routen finden, anstatt sich mit dem Rest der Welt die ausgetretenen Pfade zu teilen. Oder, wie es Lil Wayne, einer von Megalohs erklärten Lieblingsrappern, mal sagte: »Highway to heaven, I'm taking the scenic.« Soll heißen: wenn schon irgendwann sterben, dann auf dem Weg in den Himmel wenigstens die malerische Touristenroute wählen. Und die ist meist nicht identisch mit der direkten Luftlinie.

STUDENTENFUTTERBULGUR

JACKS HAHN

MANGO UND ANANAS

K
X
93

1
K Y
93
SUPRA

K 1 93
SUPRA

JACK DANIEL'S
OLD NO.7

STUDENTENFUTTERBULGUR
MIT GARNELE UND ORIENT-LAX

[4 Personen]

ZUTATEN

–1–

FÜR DEN STUDENTENFUTTERBULGUR

80 g Studentenfutter
200 g Bulgur
1 Teelöffel Ras el-Hanout
1 paar Fäden Safran
1 walnussgrosses Stück Ingwer, geschält und fein gewürfelt
1 Chilischote ohne Kerne, fein geschnitten
1 Esslöffel brauner Zucker
Abrieb und Saft von 1 Zitrone
Sojasauce zum Abschmecken
1 rote Paprika, in kleine Würfel geschnitten
400 ml Gemüsefond
Olivenöl, etwas Passionsfrucht-Essig

–2–

FÜR DIE GLÜCKLICHEN GARNELEN

12 schöne Garnelen, gerne bio, entdarmt und geschält
1 angedrückte Knoblauchzehe
Je 1 Rosmarin- und Thymianzweig
Gutes Salz, schwarzer Pfeffer aus der Mühle
Pflanzenöl, aber kein Olivenöl, zum Braten

–3–

FÜR DEN ORIENT-LAX

400 g Lachsfilet mit Haut
10 Korianderstiele
1 Chilischote ohne Kerne
1 Esslöffel Koriandersaat, geröstet und gemörsert
5 Kaffeebohnen, geröstet
1 Kardamomkapsel, zerdrückt
1 Zimtstange und **1** Sternanis
½ Teelöffel Kreuzkümmel
Abrieb von 1 Limette und **Abrieb von 1** Zitrone
50 g Salz und **50 g** weißer Zucker

–4–

FÜR DEN KORIANDERJOGHURT

400 g griechischer Joghurt
Blätter von 10 Stängel Koriander (die Stiele zum Orient-Lax), fein geschnitten
2 Esslöffel Sweet-Chili-Sauce
1 Esslöffel Honig

ZUBEREITUNG

–1–

FÜR DEN STUDENTENFUTTERBULGUR

Braunen Zucker mit dem Studentenfutter in einer Pfanne karamellisieren, etwas Olivenöl dazugeben, genauso wie die Chilischote, den Ingwer und die roten Paprikawürfel, mit dem Ras el-Hanout, den Safranfäden und etwas Sojasauce würzen und mit dem Gemüsefond ablöschen. Den gesamten Fond einmal richtig aufkochen lassen und über den Bulgur in eine Schüssel geben. 15 Minuten ziehen lassen; jetzt müsste die komplette Flüssigkeit weg sein. Den Bulgur mit dem Passionsfruchtessig, dem Zitronenabrieb und dem Saft sowie eventuell etwas Salz und Olivenöl abschmecken.

–2–

FÜR DIE GLÜCKLICHEN GARNELEN

Die Garnelen zusammen mit dem Thymian, dem Rosmarin und dem angedrückten Knoblauch in heißem Pflanzenöl (kein Olivenöl) glasig braten. Kurz vor dem Servieren salzen und pfeffern und mit etwas Olivenöl für den Geschmack beträufeln.

–3–

FÜR DEN ORIENT-LAX

Koriandersaat, Kaffee, Sternanis, Zimt, Kardamom, Zucker und Salz in einen Mörser geben und fein mörsern. Den Abrieb von der Limette und Zitrone dazugeben, genauso wie die Korianderstiele und die Chilischote. Den Lax mit der gemörserten Masse gut bestreuen und fest andrücken. Den Lax jetzt für 2 Stunden in den Kühlschrank stellen. Kurz vor dem Servieren mit kaltem Wasser abwaschen, trockentupfen und in feine Scheiben schneiden.

–4–

FÜR DEN KORIANDERJOGHURT

Alle Zutaten gut miteinander verrühren.

JACK DANIEL'S
Tennessee WHISKEY
COLA

JACKS HAHN
MIT »YOLO«-REIS

[4 Personen]

ZUTATEN

–1–
FÜR JACKS HAHN

1 großes Biohähnchen, ca. 1,5 kg
2 Esslöffel Cajungewürz
8 Esslöffel Olivenöl
1 Teelöffel Koriandersaat, geröstet und gemörsert
1 Teelöffel Paprikapulver
1 Chilischote ohne Kerne, fein geschnitten
1 Teelöffel gutes Salz
2 Esslöffel Tomatenketchup
2 Knoblauchzehen, geschält und fein geschnitten
1 Dose Jack-Daniels-Cola

–2–
FÜR DEN »YOLO«-REIS

400 g Langkornreis, mit leichtem Biss gekocht
2 Paprikaschoten in Rot und Grün, geputzt und in Würfel geschnitten
1 kleine Dose Kichererbsen
1 große Süßkartoffel, geschält und in Würfel geschnitten
1 rote Zwiebel, geschält und in Würfel geschnitten
1 Handvoll Zuckerschoten, geputzt
2 Esslöffel Tom-Kha-Gai-Paste
Abrieb von 1 Zitrone
1 Zweig Thymian, gezupft
1 Teelöffel Ahornsirup
1 Teelöffel rotes Curry
200 ml Gemüsefond
Eventuell etwas Pfeffer aus der Mühle, Sojasauce zum Abschmecken
Olivenöl

ZUBEREITUNG

–1–
FÜR JACKS HAHN

Das Cajungewürz mit der Koriandersaat, der Chilischote, dem Salz, dem Paprikapulver, dem Knoblauch und dem Tomatenketchup sowie mit dem Olivenöl gut verrühren. Den Hahn jetzt mit dem Gewürzöl von innen und außen gut einmassieren. Die Jack-Daniels-Dose öffnen und den Hahn daraufsetzen. Bei 160 Grad ca. 45–60 Minuten auf der Dose stehend in die Röhre schieben.

–2–
FÜR DEN »YOLO«-REIS

Paprika, Süßkartoffel, Zwiebel und Kichererbsen in Olivenöl anschwitzen, mit dem Curry bestäuben und die Tom-Kha-Gai-Paste dazugeben, für ca. 1 Minute mit anschwitzen, damit der Geschmack richtig gut rauskommt. Das Ganze mit dem Gemüsefond ablöschen und gleich die Zuckerschoten und den Reis dazugeben, gut durchrühren; wenn die Flüssigkeit komplett verschwunden ist, geben wir noch den Ahornsirup, den Zitronenabrieb und den Thymian dazu. Im Zweifelsfall noch mit Sojasauce und eventuell Pfeffer nachschmecken.

MANGO UND ANANAS
MIT KNALL UND MILCHFROST

[4 Personen]

ZUTATEN

–1–

FÜR DIE MANGO-ANANAS

1 Mango, gerne reif, geschält und in Spalten

1 Ananas, geschält und in Ecken geschnitten

Saft und Abrieb von 1 Limette

Saft und Abrieb von 1 Orange

1 Esslöffel Honig

1 Esslöffel brauner Zucker

Kokosmilch

200 ml Maracujasaft

Etwas Speisestärke zum Andicken

–2–

AUSSERDEM

4 Mini Milk

Knallbrause

ZUBEREITUNG

–1/2–

FÜR DIE MANGO-ANANAS

Honig und Zucker karamellisieren, Saft und Abrieb von Limette und Orange genauso wie Kokosmilch und Maracujasaft dazugeben, köcheln lassen, bis der Zucker gelöst ist, eventuell mit etwas Speisestärke andicken. Auf 4 Schälchen verteilen und für 30 Minuten kühl stellen.

Kurz vor dem Servieren das Mini Milk reinstecken und die Knallbrause darauf verteilen.

MOSES PELHAM KLASSIKER

KLASSIKSTADT, FRANKFURT

Wer Moses Pelham persönlich kennt, der weiß um sein spezielles Verhältnis zum Genuss. Pelham liebt gutes Essen im Kreise seiner Freunde – und der Mann weiß zu feiern. Bei seinem Stammitaliener gehört er zu den beliebtesten Gästen, was der Autor dieser Zeilen aus eigener Erfahrung berichten kann. Immerhin gehört Pelham auch zu den relevantesten Musikproduzenten und Songwritern der Republik. Mit seinem Label 3p und Acts wie Rödelheim Hartreim Projekt (das er selbst mit seinem damaligen Partner Thomas Hofmann bildete), Sabrina Setlur oder Xavier Naidoo schrieb er deutsche Popmusikgeschichte. Seine Wurzeln jedoch liegen im Hip-Hop und im Soul – bereits Mitte der Achtzigerjahre wurde der Deutsch-Amerikaner zu einer treibenden Kraft in der Frankfurter Rap-Szene, maß sich mit rappenden G. I.s in den Clubs der Mainmetropole und veröffentlichte 1989 sogar ein englischsprachiges Dancefloor-Rap-Album über die ikonische Techno-Plattenfirma Logic. Oder, anders gesagt: Moses Pelham kann man kein »x« für ein »u« vormachen, wenn man von Hip-Hop redet. Auch wenn ihn viele heute primär von seiner Rolle als Juror der Casting-Show »X Factor« kennen.

Christoph Brand ist seit Tag 1 Mitglied im »3p Supporter Club«. Die »RHP Special Box« legte er sich damals in Berlin bei »World of Music« zu, später wurde er auch zu einem glühenden Fan von Xavier Naidoo (für den Pelham zu Beginn seiner Karriere noch die Songs schrieb) und Glashaus, Pelhams äußerst erfolgreichem Soulpop-Projekt mit den Sängerinnen Cassandra Steen und Peppa. Brand bewundert den hessischen Musiker und Unternehmer für das Erreichte und Geschaffene – nicht zuletzt deshalb war es ihm enorm wichtig, ihn zu einer gemeinsamen Koch-Session zu überreden. Nach viel terminlichem Hin und Her – der Mann ist schließlich beschäftigt! – kam schließlich doch noch ein wunderschönes Shooting in der »Klassikstadt« zustande. Dabei handelt es sich um ein Oldtimer-Museum auf mehreren Geschossen in einem historischen Baudenkmal in Frankfurt, in dem sich auch Werkstätten, Verkaufsflächen sowie Ausstellungen für private Liebhaberfahrzeuge befinden. Die Küche wurde kurzerhand auf einer Hebebühne in einer der spezialisierten Fachwerkstätten gebaut – perfekt für den erklärten Automobilisten Pelham.

Nach der Session mit Lary stand bei Moses Pelham zum zweiten Mal ausschließlich vegetarische Küche auf dem Speiseplan. Pelham engagiert sich für die Organisation PETA und äußert sich immer wieder öffentlich gegen Tierquälerei in der Ernährungsindustrie. Natürlich nahm Christoph auf die ethischen Prinzipien des Meisters Rücksicht und entwarf ein Menü nach seinem Gusto, das in den Namen der Gerichte klaren Bezug auf Pelhams Karriere nimmt: »Höha, schnella, weita« war seinerzeit das Motto seiner ersten Band Rödelheim Hartreim Projekt, »Schnaps für alle« hingegen ist eine sinnstiftende Hymne aus seinem Soloalbum »Geteiltes Leid I«. Und am Ende ist der Fleischanteil bei solch erlesenen Gerichten wie knusprigem Drilling, Spargelrisotto und Cheesy-Kuchen auch für Nichtvegetarier völlig unerheblich. Wie gesagt: Der Mann versteht etwas von Genuss. Und vom Feiern.

GRÜNE Sauce

IN 3 VERSIONEN

GESPARGELTER RISOTTO

MIT PARMESAN UND MOZZARELLA

CHEESY KUCHEN

MIT SCHNAPS UND APRIKOSEN

5.0L
4.5L

Sun
MOTOR TESTER
CYL.
1080

»GRÜNE SAUCE IN 3 VERSIONEN«
GEROLLT, IN ECHT UND QUASI NICHTS
MIT POCHIERTEM EI UND KNUSPRIGEM DRILLING

[4 Personen]

ZUTATEN

–1–

GRÜNE-SAUCE-MASTERPLAN

300 g Schmand
300 g Joghurt
1 Bund Grüne-Sauce-Kräuter ohne Stiele
1 kleine Zwiebel, fein gehackt
1 Teelöffel grober Senf, gerne auch süßer
Abrieb und Saft von 1 Zitrone
Salz, Pfeffer und Zucker nach Geschmack

–2–

FÜR DIE GEROLLTE

⅓ der Grüne-Sauce-Masterplan
1 Blatt Gelatine
1 Weizen-Wrap Natur

–3–

FÜR QUASI NICHTS

Die Stiele der Grüne-Sauce-Kräuter
100 ml Gemüsebrühe
100 ml Milch
Eventuell etwas Senf
Gutes Salz, Pfeffer und Zucker zum Abschmecken
1 Teelöffel Lecite

–4–

FÜR DAS POCHIERTE EI

4 Eier
Weißer Balsamicoessig
Salz

–5–

AUSSERDEM

8 kleine Drillinge gekocht

ZUBEREITUNG

–1–

GRÜNE-SAUCE-MASTERPLAN

Die Kräuter waschen und nicht zu fein schneiden; mit dem Joghurt, dem Schmand, der Zwiebel, dem Senf und dem Zitronenabrieb und Saft glatt rühren. Ich mag es gern ein bisschen süßer, sprich ein bisschen mehr Zucker und mit Pfeffer und Salz abschmecken.

–2–

FÜR DIE GEROLLTE

Das Blatt Gelatine in kaltem Wasser einweichen und dann, ohne dass es kocht, erhitzen, per Wärmeaustausch mit ⅓der grünen Sauce gut verrühren, gleichmäßig auf dem Wrap verstreichen und sofort aufrollen. In Folie straff einpacken und für 1 Stunde in den Kühlschrank stellen. Vor dem Servieren den Wrap in 4 Stücke schneiden.

–3–

FÜR QUASI NICHTS

Die Stiele der Grüne-Sauce-Kräuter zusammen mit der Brühe, der Milch, dem Senf und dem Lecite gut mixen und mit Zucker, Salz und Pfeffer abschmecken. Alles durch ein feines Sieb geben und mithilfe einer Aquariumpumpe zu einem Schaum aufblasen; geht auch mit einem Milchschäumer oder Stabmixer.

–4–

FÜR DAS POCHIERTE EI

1 Liter Wasser mit einem sehr guten Schuss Essig und Salz zum Kochen bringen, mithilfe eines Schneebesens einen Strudel erzeugen und dann ein Ei gezielt in die Mitte des Strudels laufen lassen. Nach ca. 2 Minuten vorsichtig mit einer Schaumkelle rausnehmen und auf ein gebuttertes Blech geben, bis alle 4 Eier nacheinander fertig sind.

–5–

AUSSERDEM

Die Drillinge in etwas Olivenöl kross braten und mit Salz würzen. Den Drilling auf der grünen Sauce anrichten, das pochierte Ei auf der gerollten grünen Sauce anrichten und alles mit »quasi nichts« dekorieren.

»GESPARGELTER RISOTTO« MIT VIEL PARMESAN, MO-ZZARELLA UND BASILIKUMFRÜHLING

[4 Personen]

ZUTATEN

–1–

FÜR DEN RISOTTO

150 g Risotto-Reis (Arborio)

50 g Schalotten, geschält

100 ml trockener Weißwein

600 ml Gemüsefond

Circa 100 g Parmesan

30 g Pinienkerne, angeröstet

50 g Butter

10 Stangen weißer Spargel, geschält und schräg in Scheiben geschnitten

Gutes Salz, schwarzer Pfeffer aus der Mühle, weißer Zucker und etwas Olivenöl

2 Kugeln Mozzarella

2 Handvoll Rucola für die Optik

–2–

FÜR DEN BASILIKUMFRÜHLING

20 Basilikumblätter

4 Blätter Frühlingsrollenteig

1 Eigelb

2 Teelöffel fein geriebener Parmesan

ZUBEREITUNG

–1–

FÜR DEN RISOTTO

Kalbs- oder Gemüsefond und Weißwein einmal zusammen aufkochen und beiseitestellen. Schalotten fein gewürfelt in Olivenöl zusammen mit dem Reis anschwitzen und unter ständigem Rühren nach und nach den Kalbs-/Gemüse-Weißwein-Fond dazugeben. Parallel den Spargel in der heißen Pfanne mit etwas Olivenöl und einer guten Prise Zucker karamellisieren lassen und mit Salz abschmecken. Zum Schluss die Pinienkerne, die Butter und den Spargel zum Risotto dazugeben, eventuell mit Salz und Pfeffer nachschmecken. Jetzt entweder so wie wir im ganzen Parmesan den Risotto mit dem Mozzarella und dem Rucola für die Optik vermengen und ordentlich Parmesan vom Rand kratzen oder wenn kein ganzer Parmesan vorhanden, ist alles im Topf mit zusätzlich ca. 100 g geriebenem Parmesan vermengen.

–2–

FÜR DEN BASILIKUMFRÜHLING

Die Frühlingsrollenteig-Blätter mit Eigelb bestreichen, die Basilikumblätter flach darauf verteilen, mit Parmesan bestreuen und aufrollen. Bei 180 Grad im Ofen goldbraun und knusprig backen.

Jägermeister

»CHEESY-KUCHEN«
MIT SCHNAPS FÜR ALLE UND APRIKOSEN

[4 Personen]

ZUTATEN

–1–

FÜR DEN CHEESY-KUCHEN

1 Platte Blätterteig, tiefgekühlt, aufgetaut
1 Esslöffel getrocknete Aprikosen, klein gewürfelt
250 ml Milch
1 Esslöffel weißer Zucker
1 Päckchen Puddingpulver, auf die Menge angepasst
Mark von ½ Vanilleschote
1 Messerspitze Abrieb von der Tonkabohne
2 Eigelb
4-mal Jägermeister

ZUBEREITUNG

–1–

FÜR DEN CHEESY-KUCHEN

Aus der Milch, dem Zucker, der Tonkabohne und der Vanille mithilfe des Pulvers einen Pudding kochen. Den Blätterteig in die 4 Förmchen drücken und darauf achten, dass der Rand schön hochgedrückt wird. Die zwei Eigelb in den abgekühlten Pudding rühren, die Aprikosen auf den Teig geben und mit dem Pudding auffüllen. Bei 180 Grad vorgeheizt für 15 bis 20 Minuten in den Ofen schieben. Kurz vor dem Servieren kann man die Törtchen Crème-brulée-mäßig noch super abflämmen und man sollte auf jeden Fall wie wir einen Jägermeister dazu genießen.

POHLMANN NORDISCH

FUH, HAMBURG

Wenn Journalisten über Ingo Pohlmann schreiben, dann verwenden sie gerne markige Alliterationen wie »Vom Maurer zum Musiker«. Richtig ist, dass der Sänger, der nur unter seinem Nachnamen auftritt, als Jugendlicher nach der Hauptschule zunächst eine Lehre im väterlichen Maurerbetrieb absolvierte. Doch der Träumer hatte großes Fernweh, verließ die Provinz bald in Richtung Hamburg, schlug sich dort als Kellner und Kneipensänger durch. In einer Bar im Schanzenviertel, in der er auch bediente, spielte und sang Pohlmann seine Lieder für jeden, der sie hören wollte. Durch Mundpropaganda wuchs sein Publikum von Woche zu Woche, eines Abends befand sich sogar Henning Wehland von den H-Blockx und den Söhnen Mannheims im Publikum. Eine Woche später saßen Henning und Ingo in Münster und entwarfen gemeinsame Zukunftspläne für Pohlmanns Karriere. Henning hatte Schweinebraten gekocht. 2006 landete Ingo mit »Wenn jetzt Sommer wär« seinen ersten richtigen Hit; seitdem ist der Rock- und Folksänger aus der deutschen Musiklandschaft kaum noch wegzudenken.

Christoph Brand hatte Pohlmann zum ersten Mal auf einem Clueso-Kozert gesehen, später dann für ihn in Kassel auf seiner Tour gekocht; der Kontakt kam über seine Tourmanagerin zustande, die wiederum früher schon Curse begleitet hatte. Christoph zeigte Ingo das »Freiheit«-Kochbuch, das er zusammen mit Curse gemacht hatte, und erläuterte ihm das Konzept hinter »Kochen Unplugged«. Pohlmann, insgesamt auch mehr Bauch- als Kopfmensch, brauchte nicht lange, um zuzusagen. Über einen Freund charterte Christoph das FuH, ein innovatives Restaurant im Hamburger Stadtteil Ottensen, in dem mittlerweile viele Künstler, Journalisten und Angehörige der digitalen Boheme leben. Im FuH herrscht eine Philosophie, die auch Brand als Koch zu hundert Prozent vertreten kann: Essen ohne Geschmacksverstärker, künstliche Aromen und Farbstoffe, stattdessen aus frischen, regionalen Produkten, nach den saisonalen Gegebenheiten. Genau wie Brand lehnen die Macher des FuH allerdings auch jeden dogmatischen Zwang in der Küche ab.

Die Koch-Session und das Shooting in Hamburg verliefen dank Pohlmanns zurückgelehntem Charakter so entspannt, dass alle Beteiligten beinahe das Gefühl bekamen, sich schon ewig zu kennen. Pohlmann gelingt es einfach stets, diese vertraute Atmosphäre zu erschaffen – auch wenn er seine Lieder singt, beschleicht den Zuhörer oft das Gefühl, der beste Kumpel stehe neben einem an der Bar. Wenn nicht morgens um zwei Uhr die Beifahrerscheibe in Christophs Tür gefallen wäre und er völlig übermüdet, mit einem nicht mehr ganz nüchternen Fotografen, dafür aber komplett ohne Werkzeug, hätte versuchen müssen, die Scheibe notdürftig zu reparieren – ja, dann wäre dieser Tag wohl ein ziemlich perfekter Tag gewesen.

Crème brulée
mit Hamburger Heidelbeeren
KROKER
SKREI
Experience
PASTA PESTO

HARD

PLAY
HARD

HARD

PASTA-PESTO EXPERIENCE
MIT 3-MAL CHEESY

[4 Personen]

ZUTATEN

–1–

FÜR DAS MASTER-PESTO

2 Handvoll gezupfte Basilikumblätter

2 Handvoll gezupfte Blattpetersilie

80 g geröstete Pinienkerne, grob gehackt

200 ml Olivenöl

80 g Parmesan, fein gerieben

1 Knoblauchzehe, geschält und mit grobem Salz fein gerieben

1 Teelöffel Akazienhonig

–2–

FÜR DIE BIRNEN-WALNUSS-VERSION

⅓ des Master-Pestos

1 Birne, geschält und in kleine Würfel geschnitten

40 g Walnüsse, geröstet und grob gehackt

1 Teelöffel Ahornsirup

2 Esslöffel Walnussöl

–3–

FÜR DIE APFEL-INGWER-VERSION

⅓ des Master-Pestos

1 Teelöffel Sushi-Ingwer, in sehr kleine Würfel geschnitten

1 Apfel geschält, entkernt und in kleine Würfel geschnitten

2 Esslöffel Kürbiskernöl

Abrieb von 1 Zitronen

–4–

AUSSERDEM

1 Kugel echter Mozzarella

100 g Fetakäse

100 g Ziegenfrischkäse

300 g De-Cecco-Spaghetti

Olivenöl und gutes Salz

ZUBEREITUNG

–1–

FÜR DAS MASTER-PESTO

Basilikum, Petersilie, Knoblauch und Olivenöl mixen und dann den Parmesan, Pinienkerne und Honig unterrühren. Eventuell etwas salzen.

–2–

FÜR DIE BIRNEN-WALNUSS-VERSION

Die Birnenwürfel kurz in etwas Olivenöl anschwitzen und abkühlen lassen, zusammen mit den Walnüssen, dem Ahornsirup und dem Walnussöl unter ⅓ des Master-Pestos rühren.

–3–

FÜR DIE APFEL-INGWER-VERSION

Die Apfelwürfel kurz in etwas Olivenöl anschwitzen und abkühlen lassen, zusammen mit dem Sushi-Ingwer, dem Kürbiskernöl und dem Zitronenabrieb unter ⅓ des Master-Pestos rühren.

–4–

AUSSERDEM

Die Spaghetti in reichlich Salzwasser al dente kochen. Jeweils ⅓ Spaghetti mit den 3 Pestosorten mischen und ... die Spaghetti mit dem Master-Pesto mit dem echten Mozzarella servieren. / ... die Spaghetti mit dem Birnen-Walnuss-Pesto mit dem Feta servieren. / ... die Spaghetti mit dem Apfel-Ingwer-Pesto mit dem Ziegenfrischkäse servieren.

KROSSER SKREI AUF GRÜNEM KARTOFFELSALAT
MIT ROTER BEETE, LUFT UND LIEBE

[4 Personen]

ZUTATEN

–1–

FÜR DEN SKREI

4-MAL Skreifilet mit Haut à **140 G**

Gutes Salz, weißer Zucker, Panku oder Paniermehl

–2–

FÜR DEN GRÜNEN KARTOFFELSALAT

400 G festkochende Kartoffeln

4 HANDVOLL Babyspinatsalat

2 ESSLÖFFEL Schnittlauch, fein geschnitten

3 STANGEN Frühlauch, in feine Ringe geschnitten

1 kleine Zwiebel, geschält und in feine Würfel geschnitten

4 Cornichons, klein gewürfelt

100 ML Fond von den Cornichons

200 ML Gemüsebrühe

150 G Crème fraîche

1 TEELÖFFEL grober Senf

1 TEELÖFFEL Kümmel

1 Lorbeerblatt

Essig, Öl, schwarzer Pfeffer aus der Mühle

–3–

FÜR DIE ROTE BEETE

200 G Rote Beete, gekocht und geschält

50 G Butter

1 TEELÖFFEL brauner Zucker

1 MESSERSPITZE Kümmel

ABRIEB VON 1 Zitrone

Eventuell etwas gutes Salz zum Abschmecken

–4–

FÜR LUFT UND LIEBE

400 ML Rote-Beete-Saft, gerne bio

1 TEELÖFFEL frisch geriebener Meerrettich

1 TEELÖFFEL Lecite

Etwas gutes Salz zum Abschmecken

1 Aquariumpumpe

ZUBEREITUNG

–1–

FÜR DEN SKREI

Den Skrei ganz leicht zuckern und gut salzen, mit der Hautseite in das Panku drücken und direkt in heißem Fett zuerst auf der Hautseite goldbraun braten. Nach ca. 2 Minuten wenden und noch mal für ca. 1½ Minuten auf der anderen Seite ziehen lassen. Der Fisch darf gerne im Kern noch glasig sein.

–2–

FÜR DEN GRÜNEN KARTOFFELSALAT

Die Crème fraîche mit dem Babyspinat fein mixen. Die Kartoffeln mit Schale, dem Lorbeerblatt, dem Kümmel und etwas Salz nicht zu weich kochen, gut ausdämpfen lassen, vorsichtig pellen und in Scheiben schneiden. Die Zwiebelwürfel in etwas Öl anschwitzen, die Cornichonwürfel dazugeben, mit dem Cornichonfond ablöschen und mit der Gemüsebrühe auffüllen, kurz aufkochen lassen und vom Herd nehmen. Den Senf einrühren und die Kartoffeln in den noch warmen Fond geben und darin abkühlen lassen. Die grüne Crème fraîche unterrühren/-heben, genauso wie den Frühlauch, und das Ganze eventuell noch mit etwas Essig, gutem Salz und Pfeffer aus der Mühle abschmecken. Kurz vor dem Servieren noch den Schnittlauch unterrühren.

–3–

FÜR DIE ROTE BEETE

Den Zucker karamellisieren, die Butter dazugeben und die Rote Beete darin anschwenken, mit der Messerspitze Kümmel, dem Zitronenabrieb und etwas gutem Salz abschmecken.

–4–

FÜR LUFT UND LIEBE

Rote-Beete-Saft mit dem Meerrettich, etwas Salz und dem Lecite sehr gut verrühren (am besten mit einem Stabmixer). Den abgeschmeckten Saft in einen Topf/ein Aquarium geben und mithilfe einer Aquariumpumpe das Ganze zu einem wunderbaren Schaumbad aufblasen. Den Schaum kurz vor dem Servieren oben abschöpfen und über das Gericht geben.

CRÈME BRULÉE MIT HAMBURGER HEIDELBEEREN

[4 Personen]

ZUTATEN

–1–

FÜR DIE CRÈME BRULÉE

4 Eigelb

400 ml Sahne

1 Esslöffel weißer Zucker

Mark von ½ Vanilleschote

1 Messerspitze Zimt

Brauner Zucker zum Abflämmen

–2–

FÜR DIE HEIDELBEEREN

200 g Heidelbeeren, frisch oder tiefgekühlt

200 ml schwarzer Johannisbeersaft oder Rotwein

80 g Zucker

Saft und Abrieb von 1 Zitrone

Die ½ Vanilleschote ohne Mark

Etwas Speisestärke

ZUBEREITUNG

–1–

FÜR DIE CRÈME BRULÉE

Sahne mit der aufgeschnittenen Vanilleschote, dem Zimt und dem Zucker einmal aufkochen, abkühlen lassen, die Eigelbe gut einrühren und durch ein Sieb geben. Die Masse in 4 Gläser, Tassen oder, oder, oder ... füllen und bei 100 Grad für 75 Minuten in den Ofen schieben. Kurz vor dem Servieren mit braunem Zucker bestreuen und abflämmen.

–2–

FÜR DIE HEIDELBEEREN

Zucker karamellisieren mit dem Johannisbeersaft oder Rotwein ablöschen, Vanille und den Zitronensaft dazugeben, köcheln lassen, bis der Zucker gelöst ist, mit etwas Speisestärke andicken, den Zitronenabrieb dazugeben, genauso wie die Heidelbeeren, abkühlen lassen und zu der Crème brulée reichen.

STIEBER TWINS
DOPPELTES RISIKO 2.0

MARTIN STIEBERS WG, HEIDELBERG

Es gibt ein ungeschriebenes Gesetz in der deutschen Hip-Hop-Szene: Über die Stieber Twins sagt man gefälligst etwas Positives – oder gar nichts. Martin und Christian Stieber sind tatsächlich eineiige Zwillinge, in Heidelberg aufgewachsen und das, was man in unserer kleinen Welt als wahre Legenden bezeichnet. Dabei horten diese Männer keine Platinplatten und keine Industriepreise im Regal – aber sie haben schon gebreakt, gerappt und gesprüht, als etwa der heutige Chartstürmer Cro noch nicht einmal von seinen Eltern geplant war. Die Stieber Twins sind der Inbegriff unkorrumpierbarer Hip-Hop-Heads, die Restdeutschland ihre unbedingte Liebe zur Subkultur spielerisch nahebrachten, und zwar weit über jegliche dogmatische Vier-Elemente-Theoriehuberei hinaus. Ihr einziges Album »Fenster zum Hof« erschien 1997 bei MZEE Records und wird bis heute in regelmäßigen Abständen von Künstlern, Journalisten und anderen Meinungsmachern zu einem der, wenn nicht DEM wichtigsten deutschsprachigen Rap-Album aller Zeiten gekürt. Zu Recht, wie Christoph Brand findet.

Die musikalische Beziehung der Stiebers zu Brand reicht also zurück bis in die Neunziger, die persönliche immerhin bis ins Jahr 2005, als die Brüder erstmals in Christophs Küche auf dem Pass auftraten. Brand, als echter Hip-Hop-Head klassischer Prägung natürlich auch leidenschaftlicher Sneaker-Aficionado, kauft seine geliebten Turnschuhe seitdem ausschließlich in Martin Stiebers Heidelberger Boutique »The Flame«. Auch für den letzten runden Geburtstag der Zwillinge unter dem Banner »80 Jahre Stieber Twins« kochte Christoph wieder einmal gemeinsam mit Martin (der übrigens selbst ausgebildeter Koch ist) und Christian (der heute als Architekt arbeitet). Beim Shooting für »Kochen Unplugged« herrschten unaushaltbare 35 Grad, als Martin, Chris und ihr langjähriger DJ Special T in Martins Wohngemeinschaft kochten. Wie passend, dass einer ihrer bekanntesten Songs »Fahrenheit 72« heißt. Und was den Nachtisch angeht, so rappte Christian »Luxus Chris« Stieber schon vor 15 Jahren in dem Song »50/50« in breitestem kurpfälzischem Idiom: »Bring dir Essen auf Rädern / heut gibt's Grießbrei, bis später.«

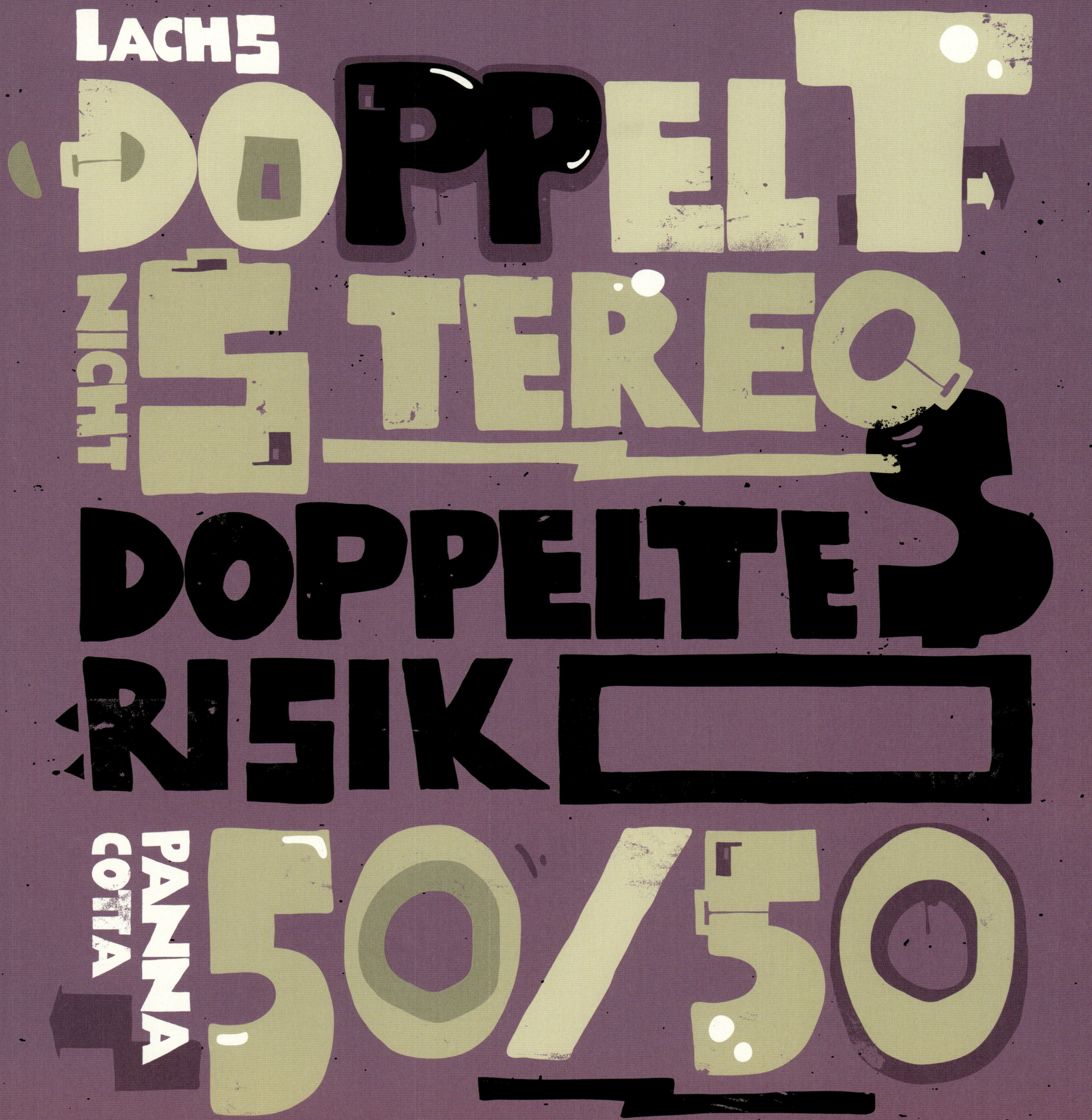
LACHS
DOPPELT
NICHT
STEREO
DOPPELTES
RISIKO
PANNA
COTTA
50/50

12
1
2
3
4
5
6
7
8
9
10
11

LACHS DOPPELT, NICHT STEREO, IM PARMESANROLL

[4 Personen]

ZUTATEN

–1–

FÜR DIE LACHSBEIZE

250 G superfrisches Lachsfilet

80 G Salz

80 G brauner Zucker

2 Bio-Limetten, in Scheiben geschnitten, plus den Abrieb

2 CL Cachaça

–2–

FÜR DAS LACHSTATAR

Der gebeizte Lachs, siehe oben

1 Tomate ohne Kerne, in kleine Würfel schneiden

¼ Salatgurke, geschält und ohne Kerne, in kleine Würfel schneiden

1 rote Zwiebel, geschält und in feine Würfel schneiden

1 TEELÖFFEL Honig

Eventuell Pfeffer aus der Mühle

–3–

FÜR DEN PARMESANROLL

100 G Parmesan, sehr fein gerieben

Backpapier

–4–

AUSSERDEM

100 G Crème fraîche und **2 HANDVOLL** Rucola zum Anrichten

ZUBEREITUNG

–1/2–

FÜR DIE LACHSBEIZE/DAS LACHSTATAR

Das Lachsfilet mit kaltem Wasser abwaschen und trocken tupfen, mit dem Salz, dem Limettenabrieb und dem braunen Zucker bestreuen, leicht festdrücken, mit den Limetten belegen, den Cachaça drübergeben und in einem Vakuumbeutel gut verschlossen für ca. 1½ Stunden in den Kühlschrank packen. Danach den Lachs aus dem Beutel nehmen und mit kaltem Wasser abspülen. Bei Martin war die Badewanne dafür super geeignet. In feine Würfel schneiden (3 mm). Das Ganze mit den Würfeln von Tomate, Gurke, der kleinen blauen Zwiebel vermengen und mit einem Teelöffel Honig und eventuell Pfeffer abschmecken.

–3/4–

FÜR DIE PARMESANROLLS

Jeweils 4 Häufchen Parmesan auf Backpapier in Untertassengröße flach verteilen und für ca. 20 Sekunden in die Mikrowelle legen. Herausnehmen und recht zügig über einem Messergriff oder Kochlöffelgriff oder, oder, oder … zur Rolle formen. Am Anfang wird's vielleicht ein paar »Brand«-Blasen geben, aber jede weitere Rolle macht es dann leichter. Die Rollen richtig kalt werden lassen und vom Griff runterziehen.

Das Lachstatar in die »Parmesan-Rolls« füllen und mit etwas Crème fraîche und Rucola anrichten.

DOPPELTES RISIKO
VON BLACK ANGUS UND JAKOBSMUSCHEL MIT CHILI

[4 Personen]

ZUTATEN

Das Rezept ist aber auch supergeil mit Schweinebauch anstatt Rinderfilet und statt Jakobsmuscheln gehen auch Garnelen klar bzw. man lässt die Muscheln/Garnelen ganz weg.

–1–

FÜR DIE SWEETY-SPARGEL-DRILLINGE

300 G deutscher weißer Spargel

200 G neue Kartoffeln, »Drillinge«, fest gekocht

2 rote Zwiebeln, geschält und geachtelt

1 Esslöffel Butter

2 Esslöffel brauner Zucker

100 ml Brühe (geht auch von gekörnter)

Schwarzer Pfeffer und Salz aus der Mühle

–2–

FÜR DIE CHILI-HOLLANDAISE

2 Eigelb

200 G Butter

50 ml Weißwein, trocken

1 murmelgrosses Stück Ingwer, geschält und sehr fein gehackt

1 Chilischote ohne Kerne, sehr fein geschnitten

1 Esslöffel Sweet-Chili-Sauce

Etwas Salz zum Abschmecken

–3–

FÜR DAS RINDERFILET

600 G Rinderfiletmittelstück ohne Sehnen

4 Jakobsmuscheln, trocken (das bedeutet, die sind schon geputzt), gibt's z. B. bei Nordsee oder so …

Schwarzer Pfeffer und gutes Salz

ZUBEREITUNG

–1–

FÜR DIE SWEETY-SPARGEL-DRILLINGE

Den Spargel schälen, super, wenn es gerade so wie zu unserem Shooting deutschen Spargel gibt, und schräg in 4 cm lange Stücke schneiden. Den Spargel mit etwas Zucker und Salz würzen und ½ Stunde ziehen lassen … später den Spargel in seinem eigenen Saft bissfest garen. Die gekochten Drillinge (sehr kleine Kartoffeln mit dünner Schale) halbieren und zusammen mit den roten Zwiebeln in einer Pfanne goldbraun braten. Vor dem Servieren den Spargel und eventuell fein geschnittenen Schnittlauch dazu geben. Mit schwarzem Pfeffer und Salz aus der Mühle abschmecken und servieren!

–2–

FÜR DIE CHILI-HOLLANDAISE

Alle Zutaten, außer der Butter, in eine Schüssel geben und über dem Wasserbad in einer Metallschüssel schaumig schlagen. Aus dem Wasserbad nehmen und zeitgleich die Butter schmelzen. Jetzt die geschmolzene Butter langsam und mit etwas Fingerspitzengefühl unter die Eimasse rühren und fertig ist die Sauce. Eventuell mit etwas Salz abschmecken.

–3–

FÜR DAS RINDERFILET

Das Rinderfilet in 4 gleich große Medaillons schneiden und mit schwarzem Pfeffer, Salz aus der Mühle und einer Prise braunem Zucker würzen. Bei 58/60 Grad 40 Minuten in die Röhre schieben und kurz vor dem Servieren in der heißen Pfanne von beiden Seiten mit einem Rosmarinzweig und zerdrücktem Knoblauch noch mal 30 Sekunden Farbe geben. Die Jakobsmuscheln mit 2 Esslöffeln Olivenöl und etwas Pfeffer und Salz aus der Mühle vermischen und in der heißen Pfanne von beiden Seiten 30 Sekunden braten; dürfen gerne im Kern noch glasig sein … und dann auf die Filets setzen!

GRIESS-PANNA-COTTA 50/50
MIT CHAMPAGNERERDBEEREN UND MINZE

[4 Personen]

BRING DIR ESSEN AUF RÄDERN, HEUT GIBT'S GRIESSBREI, BIS SPÄTER.

ZUTATEN

–1–

FÜR DIE GRIESS-PANNA-COTTA

3 Blatt Gelatine
400 ml Sahne
1½ Esslöffel Grieß
Mark von 1 Vanilleschote
50 g Puderzucker

–2–

FÜR DAS CHAMPAGNER-ERDBEER-KONFIT

Selbst wenn die Erdbeeren mal bescheiden nach Holland schmecken, sorgt die Marmelade dann doch für einen coolen Geschmack.

125 g Erdbeeren, geputzt und in kleine Würfel geschnitten
1 bis 2 Esslöffel gute Erdbeermarmelade
Abrieb von 1 Limette
4 Blatt Minze in feinen Streifen
1 Flasche Champagner/Prosecco (Hauptsache es sprudelt)
Alkoholfrei ist auch mit Ginger Ale geil!

ZUBEREITUNG

–1–

FÜR DIE GRIESS-PANNA-COTTA

Die Gelatine in eiskaltem Wasser einweichen. Die Sahne mit dem Zucker und dem Vanillemark aus der Vanilleschote einmal kurz aufkochen lassen (die ausgekratzte Vanilleschote mit 200 g Zucker in eine Dose oder ein Glas geben und nach 5 Tagen hat man supergeilen Vanillezucker). Den Grieß dazugeben und 30 Sekunden mitkochen lassen, vom Herd ziehen und 20 Minuten stehen lassen. Die Gelatine gut ausdrücken und zu der Sahne geben, gut verrühren, in Gläser füllen und sofort in den Kühlschrank stellen … nach 2 Stunden müsste sie fest sein.

–2–

FÜR DAS CHAMPAGNER-ERDBEER-KONFIT

Alle Zutaten vorsichtig, aber gut miteinander verrühren, auf die gut gekühlte Panna cotta geben, mit etwas Champagner angießen (geht auch mit Prosecco oder Sekt) und mit Minzblättern dekorieren!

LARY
VEGETARISCH DEUTSCHE WELLE

KOCHBOX, BERLIN

»Du musst raus aus meinem System«, singt die in Gelsenkirchen geborene Wahlberlinerin Lary auf der ersten Single aus ihrer Debüt-EP »Future Deutsche Welle«. Aus ihrem eigenen System hat sie schon vor langer Zeit vor allem das Fleisch verbannt. Lary ist Vegetarierin. Und neben der Sängerin von Glasperlenspiel die einzige Frau in diesem Buch. Aber was für eine! Auszug aus ihrer offiziellen Pressebiografie gefällig? »Zwischen Bachelorette of Arts und Gangster of Love. Das Outfit von heute: im Styleblog von morgen. Das Lächeln für die Härtesten zum Schwachwerden. Die Augen offen und kokett. Das ehrliche Lachen tief aus dem Herzen des Ruhrpotts. Und die 15-Zentimeter-High-Heels betonen den Arsch. Und immer, immer wieder auf der Suche nach Liebe. Musik wegen Lust, wegen der Nächte und wegen des Lebens. Sound für die Gurlz – und für die Typen, die ihnen hinterherschauen. Und sie ansprechen. Und mit ihnen tanzen. Alles. Sofort, jetzt, hier. Zwischen all dem liegt Lary. In einem Meer auf Konfetti. Mittendrin.«

Lary verzaubert ihr Publikum. Das immer größer wird. Auch die Klatschspalten der Nation haben sie mittlerweile als dankbares Subjekt entdeckt – jung, hübsch, talentiert und liiert mit Noah Becker, dem Sohn von Boris und Barbara Becker. Doch Christoph Brand interessierte bei der Menüzusammenstellung in erster Linie der Mensch Larissa Sirah Herden, die Tochter eines Jamaikaners und einer Deutschen, die auf ihre Umgebung stets geheimnisvoll, provokativ und zerbrechlich zugleich wirkt. Die genauso gut in burschikoser Hip-Hop-Uniform mit fliegenden Cornrows aussieht wie im eleganten schwarzen Chanel-Kleid. Die 27-Jährige lebte lange in Düsseldorf, dann in New York und nun eben in Berlin, vor ihrer Gesangskarriere arbeitete sie als Model und betreibt nebenbei ein eigenes Blog unter larysays.com. Mit Curse und Chima hat sie bereits zusammengearbeitet, Jan Delay verbreitete ihr Video zu »Bedtime Blues« via Facebook, ohne sie persönlich zu kennen. O-Ton Jan: »Ich glaube, diese junge Dame hier wird ganz groß.«

Christoph Brands Kontakt zu dieser außergewöhnlichen Künstlerin sollte zunächst über Curse, dann über Flo Mega zustande kommen. Eine gewisse Nähe war also gegeben, man kannte sich, gefühlt, aus der Entfernung. Vielleicht war das Shooting in der »Kochbox« am Berliner Alexanderplatz auch deshalb so entspannt, als würde man sich schon ewig kennen. Christoph und Lary kochten gemeinsam ein fleischloses Menü, so unprätentiös wie köstlich. »Future Deutsche Welle« steht für ihren Sound, ein Update der Neuen Deutschen Welle, die vor 30 Jahren das Gesicht der deutschsprachigen Popmusik für immer veränderte. Ein Amalgam aus progressiven elektronischen Klängen, Rock, Hip-Hop und lässigem Soul ohne jeden Verdacht der Rückwärtsgewandtheit. Kühl und doch poetisch, unnahbar und doch sinnlich und emotional. Exakt wie dieses Menü.

PAPAYA MOZZARELLA

SÜSSKARTOFFEL PAPADUM BURGER MIT BLITZGEMÜSE

LARY+BRAND ÄNNKUCHEN

I'M POSSIBLE

PAPAYA-MOZZARELLA
MIT RUCOLA UND BASILIKUM

[4 Personen]

ZUTATEN

–1–

FÜR DEN PAPAYA-SALAT

1 große Papaya, nicht zu reif, geschält und ohne Kerne
12 Stück kleine Rispentomaten
1 Chilischote ohne Kerne
Saft und Abrieb von 1 Orange
Saft und Abrieb von 1 Limette
6 Esslöffel Passionsfruchtessig oder weißer Balsamico
1 Esslöffel brauner Zucker
Olivenöl, gutes Salz und schwarzer Pfeffer aus der Mühle

–2–

AUSSERDEM

4 Mozzarellakugeln à **ca. 80 g**
Einige Basilikumblätter und **4 Handvoll** Rucola zum Anrichten

ZUBEREITUNG

–1/2–

FÜR DEN PAPAYA-SALAT

Die Papaya mithilfe eines Sparschälers in lange Streifen schälen bzw. schneiden und mit den restlichen Zutaten zu einem leckeren Salat anmachen.

Zusammen mit dem Mozzarella, dem Basilikum und dem Rucola anrichten, nochmal kräftig pfeffern und mit gutem Olivenöl beträufeln.

SÜSSKARTOFFEL-PAPADUM-BURGER
MIT BLITZGEMÜSE, LIMETTEN-MAYO UND OLIVENÖL-KAVIAR

[4 Personen]

ZUTATEN

–1–

FÜR DAS SÜSSKARTOFFEL-PÜ

300 G Süßkartoffeln, geschält und gewürfelt

200 ML Sahne

1 WALNUSSGROSSES STÜCK Ingwer, geschält und fein gewürfelt

1 Chilischote, entkernt und in feinen Würfeln

3 ESSLÖFFEL Olivenöl

30 G Butter

Salz und Pfeffer aus der Mühle zum Abschmecken

–2–

FÜR DAS BLITZGEMÜSE

100 G Aubergine, geputzt und in Würfel geschnitten

100 G Zucchini, geputzt und in Würfel geschnitten

1 rote Paprikaschote ohne Kerne, geputzt und in Würfel geschnitten

1 rote Zwiebel, geschält und in Würfel geschnitten

1 ESSLÖFFEL schwarzer Sesam

1 TEELÖFFEL weißer Zucker

2 ESSLÖFFEL Sweet-Chili-Sauce

Salz und schwarzer Pfeffer aus der Mühle

–3–

FÜR DIE LIMETTEN-MAYO

1 Ei

1 Eigelb

400 ML Rapsöl

100 ML Olivenöl

ABRIEB UND SAFT VON **1** Limette

1 ESSLÖFFEL süßer Senf

Salz, Cayennepfeffer und wenig Honig zum Abschmecken

–3–

AUSSERDEM

8 Papadum-Rohlinge, trocken; gibt's im Asia-Laden

Sprossen und/oder frische Kräuter zur Deko

ZUBEREITUNG

–1–

FÜR DAS SÜSSKARTOFFEL-PÜ

Den Ingwer und die Chilischote zusammen mit den Süßkartoffeln in dem Olivenöl anschwitzen, leicht salzen und mit der Sahne auffüllen. Deckel drauf und bei schwacher Hitze so lange köcheln lassen, bis die Süßkartoffeln weich sind. Butter dazugeben, dann stampfen oder mixen und eventuell mit Salz und Pfeffer noch nachschmecken.

–2–

FÜR DAS BLITZGEMÜSE

Das Gemüse samt Zwiebel leicht zuckern, salzen und 20 Minuten stehen lassen. Das Gemüse auf ein Sieb geben und den Saft aufheben. Das Gemüse in heißem Olivenöl kurz anbraten, mit dem eigenen Saft ablöschen, 1 Minute köcheln lassen und mit der Sweet-Chili-Sauce und Pfeffer abschmecken. Den Sesam in einer beschichteten Pfanne ohne Öl anrösten und zu dem Gemüse geben, sodass es einmal kurz zischt.

–3–

FÜR DIE LIMETTEN-MAYO

Das Ei, das Eigelb, den Senf und den Limettensaft glatt rühren, jetzt das Oliven- und Rapsöl am langen Faden langsam unter ständigem Rühren reinfließen lassen. Den Limettenabrieb dazugeben und mit Salz, Cayennepfeffer und Honig abschmecken.

–4–

AUSSERDEM

Die Papadum in der Mikrowelle oder der heißen trockenen Pfanne knusprig backen und dann »Burger-mäßig« mit dem Süßkartoffel-Pü und dem Gemüse stapeln, mit der Mayo und den frischen Kräutern dekorieren.

»LARY BRAND«-PFANNKUCHEN MEETS JAMAICA-RUM

[4 Personen]

ZUTATEN

–1–

FÜR DIE PFANNKUCHEN

180 g Mehl

4 Eier

1 Messerspitze Backpulver

50 ml Mineralwasser

50 ml Sahne

1 Esslöffel weißer Zucker

Etwas Pflanzenöl und Butter zum Ausbacken

–2–

FÜR MEETS JAMAICA-RUM

Jamaica-Rum

Saft von 2 Orangen

Abrieb und Saft von 1 Limette

1 Ananas, geschält, ohne Strunk, gewürfelt

2 Esslöffel brauner Zucker

Eventuell Speisestärke zum Andicken

Feuer zum Flambieren

ZUBEREITUNG

–1–

FÜR DIE PFANNKUCHEN

Eier trennen, das Eiweiß mit einer Prise Salz steif schlagen, das Eigelb zusammen mit dem Mineralwasser, der Sahne, dem Backpulver und dem Zucker gut verrühren, unter ständigem Weiterrühren das Mehl in die Masse sieben und zum guten Schluss dann das steife Eiweiß vorsichtig unterheben. Aus der Masse 4 schöne Pfannkuchen in der heißen Pfanne in etwas Öl und Butter backen und erst mal beiseitestellen.

–2–

FÜR MEETS JAMAICA-RUM

Die Ananas zusammen mit dem braunen Zucker karamellisieren und mit ordentlich Rum flambieren, mit dem Saft von den Orangen und der Limette ablöschen, eventuell mit etwas Speisestärke andicken, den Limettenabrieb dazugeben und die Pfannkuchen kurz vor dem Servieren durch die Ananas samt Flüssigkeit ziehen.

DAS VORLETZTE WORT

CHRISTOPH BRAND

Danke an Rüdi und Thilo, die vom ersten Schuss an verstanden haben was ich wollte und das 1zu1 mit Ihren Kameras festgehalten haben, an image agency, an Wolfi, Hannes, Lukas und Max für das Artwork, Atelier Kontrast, Stephan Szillus für jedes gute Wort und die kleinen Dinge, meine fliegenden Köche Basti, Alex, Sonja, Giuliano, Christoph, Max, Eni, Elo, Inken und Julia, an meinen FK Partner Sascha »you know what I mean«, an Daniel für den ein oder anderen guten Tropfen, an Alexander Justynowicz fürs connecten, an Marc Schöne, Sigrun Henning und Milten Wendling, an Heiko und Walde von der Kochbox in Berlin genauso wie an das FUH in Hamburg, classic911 in der Klassikstadt in Frankfurt, dem visual drugstore in München, der Backstube in Münster und der halle02 in Heidelberg für das Dach überm Kopf zum shooten...

...an jeden einzelnen Künstler in diesem Buch, die Stieber Twins, Chrissie und Martin plus Special, Curse für 10 Kochgesetze und viel mehr, Glasperlenspiel, Daniel und Carolin, Timo Holstein, Sherin Kürten für gute Kontakte und kleine Gefallen, Megaloh und Ghanaian Stallion Bjearn Rausch und Flo Mega, Max Herre, Grace, Götz Gottschalk, Ama Jozefczyk und dem Nesola Mob, an Samy Deluxe, DJ Vito, Sebastian Winkler und die Kunstwerkstadt, an Moses Pelham und Sascha Ewert, 3p, Pohlmann und Henning Wehland, Mitch und Babsi, BLX Music, an Jan Löchel, der allerbesten Peggy Weiß, den Orsons, Tua, Kaas, Maeckes und Plan B, Steffen Posner, Chimperator, Lary, Ava und Heide von Guerilla, Marteria, Tobias Regel und Chris Berndt, an Nash Nopper, Oliver Franke, Ralf Theil, die Juice, Niko und die Backspin, Ralf Kotthoff, Natascha Genius, mzee.com, Daniel Klein, Tim Kreutzer, Merchstore, Starski, David, Monti, Blade!!!, Ole Plogstedt und der Roten Gourmet Fraktion für die Worte vorweg und Falk Schacht für das letzte Worte...

...für Vorschuss Lorbeeren und Vertrauen bedanke ich mich bei Jägermeister, sxces Communication AG, der E.ON, K1X und Björn Most...

...und zum Schluss alles was ich an Liebe habe an meine wohl beste Frau der Welt Annett und meine 2 kleinen Sonnenscheine Jule und Anni, meiner Mum für alles drum und dran und dem Rest der Familienbande fürs da sein.

Eine Liebe, eine Familie.

DAS LETZTE WORT

FALK SCHACHT

Eine der lebenswichtigsten Fragen, die jeden Menschen immer wieder umtreibt, lautet: Was will ich eigentlich? Es ist diese so leicht auszusprechende Frage, die wahrscheinlich die komplexeste und am schwierigsten zu beantwortende Frage eines jeden Menschen ist. Auch Christoph Brand stellte sich diese Frage, und eine seiner ersten Antworten auf diese Frage bekam er auf einem Run-DMC-Konzert, bei dem Die Fantastischen 4 die Vorgruppe waren. Die Antwort lautete: »Ich will rappen.«

Also setzt sich Christoph hin und übt rappen. Die Menschen, mit denen er das macht, nennt er selber seine »ersten wirklichen Freunde« und sie zählen auch heute noch zu seinen besten Freunden. Rap ist ein Ventil für ihn, um alles rauszulassen, was ihn beschäftigt. Zuallererst ging es aber um das »Representen«, darum, einfach zu sagen, dass man da ist und woher man kommt. Aber auch ums Provozieren, denn meist erhält man ohne Provokation keine Aufmerksamkeit. Und natürlich ging es auch ums »Coolsein«. All diese Dinge eben, die den meisten jungen Menschen wichtig sind, um überhaupt herauszufinden, wer sie sind. Und es ist auch der Wunsch nach Anerkennung, denn ohne die Anerkennung der anderen bleibt immer die Frage: Existiere ich überhaupt? Entgegen dem Image von Hip-Hop in schlecht unterrichteten Kreisen sind die Werte, die Christoph für sich aus der Subkultur Hip-Hop gezogen hat, noch heute bei jeder privaten wie auch geschäftlichen Entscheidung eine wichtige Grundlage. Werte wie Fairness, Respekt, Loyalität, Gerechtigkeit und Ehrlichkeit erlebte und erlernte Christoph in der Hip-Hop-Kultur. Das Problem mit diesen eigentlich einfach klingenden Fragen wie »Was will ich eigentlich?« ist, dass man, selbst wenn man eine Antwort gefunden hat, immer noch vor dem Problem steht, diese Antwort umsetzen zu müssen. Was macht man, wenn man nach jahrelangem Aufwand merkt, dass man es selbst nicht so hinbekommt, wie man es will?

Desillusion – Super-GAU – Trauer

Christoph kennt das alles; mit Rappen erfolgreich zu werden, ist nicht so leicht, wie es aussieht.

Und plötzlich war da eine unüberwindbar wirkende Mauer. Scheitern am eigenen Anspruch ist anstrengend, aber das Leben hält zum Glück mehr als nur eine Antwort für jeden Menschen parat. Wir hören den anderen Antworten nur meist nicht richtig zu. Kochen und Essen waren für Christoph ebenfalls immer sehr wichtige Themen, und auf die Frage, warum er dieses Buch überhaupt gemacht hat, antwortet er: »Vielleicht habe ich damit meinen Platz in der

Hip-Hop-Musiklandschaft doch noch gefunden.« Deshalb sollte das Buch auch zuerst »Rapcuisine« heißen. Doch irgendwann gab es wieder eine Sackgasse. Aber Christoph fand erneut den Ausweg. Neben den bekannten Rapgrößen waren es die vermeintlichen Nicht-Hip-Hopper. Es waren die Shootings mit Glasperlenspiel, Flo Mega, Henning Wehland und Singer-Songwriter Ingo Pohlmann, von dem der Ausspruch »Hip-Hop pisst den dicksten Strahl« dokumentiert ist, bei denen er merkte: »Die verstehen mich, die sind mehr Hip-Hop, als viele glauben.«

Deshalb ist es für ihn auch immer noch das Größte, auf Festivals wie den HipHop Open oder dem Splash! zu kochen. Zwischen all den Jungs, zu denen er es mit Rap nicht geschafft hat, wie er selber sagt. Jetzt wird klar, warum so viele Rapper in diesem Buch zu finden sind, und selbst die Musiker in diesem Buch, die gar keine Rap-Musik machen, sind zum Teil riesige Hip-Hop-Musik-Fans. Und einer der größten dürfte Christoph selber sein.

Und auch wenn Christoph daran scheiterte, als Rapper auf Augenhöhe mit diesen MCs zu sein, so hat er es trotzdem als Kochkünstler, als cooking Hip-Hop-Chef, auf eine künstlerische Augenhöhe mit diesen Rap-Künstlern geschafft. Real recognise real.

Was diese Künstler sicherlich in ihm erkennen können, ist seine vollkommen unbedingte Liebe zur Musik. Denn neben seiner Familie, seinen Freunden und dem Kochen ist Musik das Wichtigste in seinem Leben. Es ist die Eigenschaft der Musik, die bestimmte Situationen und Erinnerungen, Gerüche, Bilder und selbst Geschmäcker wieder hervorrufen kann, die ihn so sehr fasziniert. Musik ist für ihn wie eine Zeitmaschine, die ihn an längst vergangene Orte zurückbringen kann. Der Soundtrack zu seinem Leben. Christoph verbringt heute die meiste Zeit mit dem Kreieren neuer Gerichte; sein Beispiel beweist, dass nie nur ein Weg zum Ziel führt. Und dass Alternativrouten genauso gut sind wie die vermeintlichen Ursprungsrouten. Wir müssen uns selbst nur zuhören.

PEACE!

IMPRESSUM

Copyright
Fliegende Köche by Christoph Brand
Lilienthalstr. 15
34123 Kassel
www.fliegende-koeche.de

Rezepte / Idee
Christoph Brand

Texte
Stephan Szillus
www.stephanszillus.com

Fotografie
Image Agency
www.imageagency.com

Layout / Design
Atelier Kontrast – Design Agency
www.atelierkontrast.com

Druck
Werbedruck GmbH Horst Schreckhase
www.schreckhase.de

ISBN 978-3-00-044110-3